我的泰國養老生活1（繁體字版）

My Retirement Life in Thailand 1 (in traditional Chinese characters)

B杜

Copyright © 2023 by B杜

All rights reserved.

No part of this book may be reproduced in any form or by any electronic or mechanical means, including information storage and retrieval systems, without written permission from the author, except for the use of brief quotations in a book review.

British Library Cataloguing-in-Publication Data. A CIP catalogue record for this book is available from the British Library.

ISBN 978-1-915884-28-2 (ebook)

ISBN 978-1-915884-27-5 (print)

For my Family

前言

老公對泰國的初始印象，一是曼谷市區有牛，二是他被一個泰國男人給騙了。

講到牛，三十多年前的曼谷市區有牛應該不致於太離譜，但老公卻不止一次提起過，可見這件事對他而言相當新奇，至於他被騙一事，我怎麼聽都有"似曾相識"的感覺。

"他帶你去喝酒，你就跟著去，難道沒懷疑過？"我問。

"沒有，因為他看起來很老實的樣子，我壓根兒就不相信他會騙我。"

話說剛大學畢業的老公決定在就職前好好輕鬆一下，所以拿上暑期打工攢下的錢，飛往當時還很落後貧窮的泰國，沒想到第一站（曼谷）便被騙，這大大影響後面的行程。

"你喝了天價的酒,那個騙子也喝了嗎?"我又問。

"喝了。"

"他付錢了嗎?"

"付了。"

"也許他也是受害者。"

"我原本也這麼想,但我一說身上沒那麼多錢,那人迅速和老闆交換一下眼神,然後要我有多少付多少,剎那間,我全明白了。"

我心想這不就是現在的酒托(誘騙他人來店消費高價酒水的一種騙局)嗎?原來三十多年前早被泰國玩過了。

"經此一事,你大概變聰明了吧?!"我說。

"我本來就聰明,這跟智商無關,而是某些時刻,你得選擇相信。"

說完老公對泰國的初始印象,現在談談我的,我的第一次出國發生在大學畢業後兩年,且第一站就是昂貴的歐洲行(花了我近一個月的薪水),而我是在大四時認識老公的,換言之,當他說我長得像泰國人時,其實我並沒有去過這個國家,所以難免有刻板印象。

"啊？我長得這麼醜？"我捂著臉問，心如死灰。

"不，泰國女人很漂亮的。"他答。

等我後來實地考察過後，發現老公話裡的真實性只佔一半，泰國女人漂亮的有（大眼睛、高鼻樑、小蠻腰……），但醜的也不在少數（粗壯的身材、扁平的五官、燒焦了的膚色……），不過他說我長得像泰國人一事卻是百分百正確，這點我會在以後的篇章裡提及。

Anyway，在忙活了大半輩子之後，我和老公終於能開啟人人稱羨的退休生活，地點就選在泰國，現在就跟隨我的目光，看看發生在這個美麗國度的各種新鮮事吧！

1、小紅球之謎

赴泰養老前,我曾為自己描繪了一幅美麗的藍圖——每天,一人一狗漫步於山間小路,風在吹,雲在飄,鳥在叫……

沒想到我的"美夢"第一天便被神出鬼沒的流浪犬給擊碎,搞得我只敢在住家附近遛達,不敢往遠處跑。

一聽說我的窘狀,老公哈哈大笑地說:"養狗的人還會怕狗?妳的膽子未免也太小了吧?!"

話說展開養老生活前,我和老公已經往來泰國數次,對於這裡的狗自認有一定的認識,好比它們都很佛系,不是乖乖躺在樹蔭下乘涼,就是擠在便利店門口蹭冷氣等。殊不知那是在不帶狗的情況下，一旦隨身攜帶，我才發現"原住狗"也不是吃素的，對闖入者，輕則發出嗚嗚嗚的警告聲，重則一地狗毛。

自從第一天被"地頭犬"齜牙咧嘴地警告過後，我自劃安全路線——出門左拐，最遠能走到藍色垃圾桶，因為再過去就是小黑和小黃的地盤，小黃還好，頂多被它一路驅趕，小黑就難惹了，那樣子像是要把我家泰迪給生吃活吞；出門右拐則能走遠一點兒，只要四巷的小花沒有穿過樹林來三巷，基本可以走到路口的7-11再調頭。

（註：三巷其實是小灰的地盤，但此狗的地域意識不高，對"外來犬"向來持寬容的態度。）

這一天，睡意尚濃的我起床上廁所，家裡的狗以為我要遛它，高興得上蹦下跳。

我往微波爐上的時間顯示器一瞄，乖乖，06:45。

"寶貝兒，還不到七點哪！"我對狗說。

然而狗哪管得了這個，尾巴搖得比鋼琴節拍器還勤快，我只好拿上狗繩遛狗去。

到了樓下，我不假思索便牽著狗往左拐去，誰讓這條路段讓我家的狗尿意和便意滿滿。

等解決了屎尿問題，我和狗沒忘記在抵達藍色垃圾桶之前調頭，當行經兩棵掛滿椰子的椰子樹時，代表白色電線桿近了（這根電線桿是附近松鼠們的夢中情桿，老有松鼠在此出沒）。我特意在桿下小等一會兒，直至一隻松鼠也沒出現，才又繼續前行，等路過掛滿木瓜的木瓜樹時，我果然又見到那個戴小帽的女人。

說起這個女人，我一直很好奇她為什麼要戴上一頂可有可無的小帽子（看起來像是給孩子戴的），完全起不到遮陽防曬的作用，當然更談不上裝飾，因為毫無美感可言。還有，她的上身穿著花襯衫，底下卻是男式及膝短褲，這樣的穿搭雖奇怪，但也算不上離譜，離譜的是她天天都這麼穿，從沒換過，這就太不正常了。若說家裡窮，連件換洗的衣服也沒有，那也不對，因為我多次見她在大太陽底下搓洗衣服，洗完的衣服就晾在麻繩上，風一吹，掛在繩上的衣服就像萬國旗一樣飄揚！

再說她的住房，我該說這是木板屋？鐵皮屋？還是兩者的綜合體？厲害之處在於它竟然還是棟樓房，只是二樓的層高不高，勉強算閣樓。

這一天，當我行經此處時，以為自己會像往日一樣，成功避開與陌生人打招呼所帶來的尷尬（戴小帽的女人總背對著我幹活），結果這次她居然從坐著的板凳上站起來，轉身朝我走來。

既然避無可避，我選擇先釋放善意。

"薩瓦滴卡。"我對她說。

"薩瓦滴卡bong。"她答。

我心想怎麼多了個bong(唸成三聲)？此時，一個臉上有很多褶子的瘦小老人弓著背從屋子裡走出來。

"薩瓦滴卡。"我對他說。

結果他也答"薩瓦滴卡bong"。

當場我的腦子裡飛過很多問號，這個bong是語助詞(無意義)還是有別的含義？男女生皆可用嗎？是敬語嗎？……

當我呆在原地"天人交戰"時，老人的嘴裡又飆出一串泰語。

"Sorry，I can't understand Thai language."我說。

話一答完，那老人轉身進屋去，不一會兒的工夫又出現，跟著一同出現的還包括一個看起來髒兮兮的小紅球。

"＠+￥#＆，"他指向我住的公寓，接著又指著我家的狗，"％￥*￥……"

我猜想他的意思是把球送給狗玩。

"口坤卡。"我道了謝。

說也奇怪，自從送過"禮物"之後，那老人便選擇性眼瞎，對我和我家的狗視若無睹，讓我不禁懷疑自己當初是不是會錯意（球是賣給我的，不是送給我的），導致老人心中不爽。

話說回來，那個骯髒的小紅球自從進了我家便不受待見，不僅狗不愛，老公還立馬要我扔了，而我之所以猶豫不是因為貪小便宜（白得一個球），而是有難言之隱，因為戴小帽的女人做資源回收（我多次見她翻找我們這棟樓的垃圾桶），萬一小紅球又被她撿回家，她家老人豈不是氣得七竅生煙？

就這樣，為了維持鄰里間的和諧，小紅球靜靜地待在我家的屋內一角，直至某天被老公打掃出來。

"妳能不能把這個髒東西給扔了？"老公舊話重提，臉色很不好看。

思來想去，為了不破壞夫妻間的感情，我決定異地拋物，這樣就不失禮了，不是嗎？結果到了樓底下，我發現鄰居俄羅斯大叔正與他家的狗玩，那個小紅球怎麼看怎麼眼熟，不同的是人家的可要嶄新許多。

我靈光一閃，莫非老人要我歸還小紅球給失主（俄羅斯大叔），而我卻"中飽私囊"？果真如此，我豈不是跳到黃河都洗不清了？

2、GO GO GIRL

芭提雅有一條惡名昭彰，噢！不，聲名遠播的街道，那裡是好色男女們的天堂，滿足人類最原始的獸慾與偷窺心理⋯⋯

"我看過那裡的表演喔！"朋友曾神祕地對我說。

"什麼表演？"我問。

"就是⋯⋯什麼都看得到，完全無遮擋。"

"妳當時是什麼感覺？"

"很震驚，我以為多少會有塊布蓋著或者用簾子遮擋住，沒想到就這麼赤條條的。還有，我們是公司出遊，男同事就坐在身邊，那心情真是一言難盡，尷尬得不得了。"

基於獵奇心理，我後來拜訪了那條有名的街道，不過沒進去看，倒不是彰顯自己有多高尚，而是我相信但凡人都有羞恥心（裸露癖者除外），真到那個地步，怕是有不得已的苦衷，我又怎能做到一邊見證別人的苦難，一邊無動於衷？

話說那次的"獵奇行動"(也是目前為止唯一的一次)，我既沒看表演，也沒進酒吧喝一杯，而是在那條街上買下一個超大椰子，喝完便打道回府，以致多年後當Go Go Girl提起Go Go Dancing時，我還以為她是一名舞蹈老師。

說起這個鼻子上有鼻環，右腿上還有大面積玫瑰刺青的Go Go Girl，她算是我搬到芭提雅(正式開始養老生活)以來，第一個交談最多的鄰居，原因在於她也養狗，兩人的遛狗時間又頗為一致，所以當我家泰迪忙著和她家的臘腸狗建立友誼時，我也無奈打開話匣子，因為比起兩人大眼瞪小眼，無話找話顯得正常許多。

"妳很幸運，至少臘腸狗不用剪毛。"我說(果然無話找話)。

"不不不，"她急著否認，"雖然不用剪毛，但家裡到處都是狗毛，很煩人！"

這倒新鮮，我以為短毛犬不會掉毛。

"妳的狗是在芭提雅買的嗎？"我又問（果然又無話找話）。

"不是，是我媽從俄羅斯寄來的。"

"妳有個好媽媽。"

"為什麼？"

這還用問嗎？母親怕女兒在異國寂寞，所以寄了條狗給她。

我一答完，這個有著巴掌臉且顴隆鼻高的年輕女孩笑得好大聲，讓我頗感不是滋味。

"這裡的工作不好找吧？！"我另起話題。

"很好找，我在Go Go Bar跳舞。"

此時，我的腦海裡浮現一家叫Go Go Bar的舞蹈工作室，而她是裡面的老師。

"妳的學生多嗎?"我接著問。

"學生？"她笑得花枝亂顫，"多，很多。"

因為兩次被她取笑，我隱約感覺自己說錯話了，所以沉默了下來，剛好彼此的狗也"寒暄"完畢，於是我和她很有默契地同時Say Goodbye。

回到家，我立即上網查Go Go Bar，得到答案後，我懊惱自己太孤陋寡聞，以致鬧了笑話。

"反正不會再見面了，"我安慰自己，"丟臉就丟臉了唄！"

誰知我和這個女孩竟然從此結下不解之緣，不僅天天見面，有時甚至一天見三回，沒辦法，雙方都挑"比較不熱"的時間段遛狗，加上她經常外出，即使不遛狗，也大大增加碰面的機會。就這樣，這個外表極具野性美的女孩漸漸在一來二去的交談中具體起來，包括她十四歲就輟學打工，後來發現當伴遊比炸薯條輕鬆（同時來錢多且快），於是轉換職業跑道。沒成想，幾年後的一場疫情導致有錢人都躲在家裡不出遊，她沒了收入，只好跟著一個有固定退休金的老頭過活，哪曉得看似人畜無害的老頭也不讓人省心，疑心病和控制慾像野草一樣瘋長，讓她時刻如坐針氈，所以等疫情一過，她便果斷飛到芭提雅當舞者。

"收入好嗎？"我問。

"不錯，每晚都有人請我喝Lady Drink，如果有人想Talk，我還能賺更多。"

"客人請妳喝酒，難道還得另外付聊天費？"

"不是那個Talk，"她掏出煙，咬住，點上，猛吸一口，"Talk要在外面Talk，分長Talk和短Talk，兩者的價錢不一樣，但我還是比較喜歡短Talk，因為要求長Talk的人通常比較變態，男女都一樣。"

這個答案除了讓我明白什麼是Talk，還包括她的接單對象。

"妳喜歡妳的生活嗎？"我問（其實內心真正想問的是她可喜歡這種聲色犬馬，每天面對生張熟魏的日子？）。

"我需要錢，談不上喜歡或不喜歡。"

後來的幾天，我和老公為了簽證問題發愁，解決的方案之一便是先出境再進來，如果成行，家裡的狗自然需要人照顧，我第一個想到的便是她。

聽完我的提議（有償寄養），Go Go Girl答：" 抱歉，兩天後我要飛墨西哥。"

這很出乎意料，我認識她還不到三個禮拜，怎麼說走就走？

"妳找到新工作了？"我問。

"新工作？"她笑得眼睛都瞇起來了，"對，是新工作。"

"去多久？"

"不知道，看顧客想Talk多久。"

"狗呢？"

"顧客說他家的院子很大,狗可以跟過去。"

"妳有個好顧客。"

我猜我的回答讓她聯想起遠在俄羅斯的母親(我曾說過她有個好媽媽),所以表情有些"不可言喻",不過她倒是同意允許她帶狗的顧客是好顧客。

兩天後,Go Go Girl果然帶著她的狗一同消失,搞得我家的狗很抑鬱,因為那條臘腸狗是它在芭提雅唯一的朋友(同棟樓的別條狗要嘛還不熟,要嘛太兇,總朝它狂吠)。

"放心,你的朋友應該很快會回來。"我對狗說,然後牽著它往路口的7-11走去。

3、路是俄羅斯人走出來的

幾年前,當泰國政府決定重點開發芭提雅時,老公立馬催促我前去買房,當時的我並沒有把這件事放在心上,只是跟朋友聊天時順帶提了一下,結果朋友興致勃勃,當下兩人便約定到芭提雅過生日(我和朋友的生日只相隔數日),順便買房。

買房的過程就不多說了,只是買下後沒多久,朋友便後悔了,白白把定金送給開發商。我倒是沒後悔過,相反的,我很慶幸自己當時買了房,以致疫情期間有了歸宿,而且後來申請養老簽證時,房產證也發揮了它的作用,所以對我而言,這是一項值得的投資。

時間回到當年收房時,除了鑰匙之外,我還拿到門禁卡,據說這是用來刷開樓下大門以及後門。

"後門？這棟樓有後門？"我驚訝問道。

"當然有，"物業人員答，"否則住戶得繞很長的路才能走到四巷。"

（註：四巷比我住的三巷熱鬧，不僅有多家餐廳、便利店、藥店和酒店，巷底還能通往海邊。）

事後，我跟老公說自己真走運，當初買房時根本沒留意到三巷和二巷成U字型（這兩條巷子簡直就是難兄難弟），如果想到四巷或一巷，只能回到大馬路再重新進入，而這段路是上坡，全程長達五百米，除非想運動，否則心情絕對美麗不起來。

想當然爾，有了開啟後門的神奇門卡後，我們這棟樓的住戶個個眉開眼笑，同樣開心的還包括鄰近人家，他們大搖大擺地潛入我們這棟樓，再從後門進入四巷。可想而知，後門整天開開闔闔，從未消停過，這激怒了後門外的別墅住戶，因為我們走的正是他們的公用車道。

話說泰國人普遍都是慢郎中，放在這件事情上也一樣，然而慢雖慢，經多年的不斷投訴，別墅住戶最終還是破繭成蝶，成為勝利的一方，而我們只能眼睜睜地看著這道方便之門被釘上數個木製封條，結束它曾有的輝煌。

自從後門被封後，雙無(無摩托車、無汽車)人員的日子更加難過，以前好歹還有捷徑可走，如今捷徑被封，等於雪上加霜，因為雙條車（泰國的公共交通工具之一）不上山，想出遠門要嘛從一巷下山去搭，要嘛到更遙遠的六巷等車。

面對如此"巨變"，我的反應是遊說自己去接受，同時試著往好處想，譬如正因交通不便，遊客才不願上山；遊客不願上山，這裡的住戶才能享受寧靜祥和的生活⋯⋯

然而我的阿Q精神並沒有感染到俄羅斯鄰居，他們集體另尋出路，並且硬生生走出一條路來。

說起這條通往四巷的"路"，一開始我並沒有發現，而是Go Go Girl家的臘腸狗衝進草叢裡拉屎，拉完後，頭也不回地往深處走去，而它的主人（Go Go Girl）也沒阻止，一人一狗很快淹沒在擁有半人高雜草的樹林之中⋯⋯

"汪！汪汪！汪汪汪！"我家泰迪試著喚回它的"朋友"，結果以失敗告終。

為了不讓狗子失望，我試著找出"成行"的可能性，可惜眼前的"路"太過狹窄，目測大概只有瘦骨嶙峋的人才能"片草不沾身"，但凡身上有點兒肉都免不了洗一場"百草浴"。

老實說，我是個缺乏冒險精神的人，不談草叢裡可能有蛇，我還害怕裡面躲著披上人皮的惡魔，所以不由分說便拉著家犬往每日的"安全"路線走去。

後來的日子裡，我時不時總能見到俄羅斯人走進樹林裡，或者以某種猝不及防的方式現身。毫無疑問，一條本不該有的路真的被他們給走出來了。

這一天，一對俄羅斯母女像變魔術一樣忽然出現在路旁，貌似剛游泳回來，孩子的手上還拎著游泳圈。

"@%¥#……"一臉怒氣的母親對著剛走過的樹林咆哮，而且越罵越帶勁。

我心想樹林裡肯定有人，而且此人即將被唾沫星子給淹死，沒想到首當其衝的竟然是孩子——她拉了拉母親的衣角，讓正在氣頭上的母親找到發洩口，一把搶過游泳圈扔地上，然後命令她坐在上面（這是我猜的，因為女孩後來真的乖乖坐在游泳圈上）。

這畫面看得我目瞪口呆，因為游泳圈好巧不巧地被扔在一堆尚濕潤的狗糞上（我懷疑這成品若不是小黃製造的，那肯定是小黑或小灰，因為小花只是偶爾光顧三巷）。

當我還在思忖游泳圈和小女孩的屁股該如何清洗時，樹林裡的男主角現身了，並且毫無懼色地與女人展開罵戰。

這是我第一次親眼目睹俄羅斯人吵架，所以很是好奇，可惜期待中的大戰並沒有發生，那男人見好就收，抱起坐在游泳圈上的女兒，頭也不回地回家去（我隱約看到男人的右手臂上有糞便的痕跡）。女人沒了獅吼的對象，也只能快快離開，臨走前沒忘記撿起地上那個屎跡斑斑的游泳圈……

"真奇怪！俄羅斯人好像不怕髒。"我有感而發地對老公說。

"妳認為他們奇怪，他們可能也覺得妳奇怪，怎麼連狗進草叢都不讓？"

這是真的，我很害怕家裡的狗帶著跳蚤和一些不知名的蟲子一同回家。

"你這麼說也對，所以下輩子我不當俄羅斯人。"我立馬宣佈。

老公一臉驚訝地問："就因為他們不怕髒，所以妳下輩子不想當俄羅斯人？"

其實這只是部分原因啦！主因是俄羅斯男人好像沒一個帥的，而且那個國家的蔬菜少，我又不愛吃肉……

"其實……"

我話還沒答完，老公要我不用解釋了，因為他下輩子也不想當俄羅斯人，至於原因嘛，這裡省略一萬字，看倌們請自行腦補！

4、怕風的泰國人

泰國的天氣分為三種——很熱、非常熱、熱得不得了。現在是三月底,理應屬於"很熱",但我卻"熱得不得了",可想而知,當"熱得不得了"真正來臨時,我恐怕會熱到原地爆炸。

這一天,當我外出進行每日的遛狗儀式時,一位慈眉善目的洋人奶奶從別棟樓裡走出來,看到我,微微一笑。我也禮尚往來,奉上當天的第一個笑臉(沒辦法,剛起床就得遛狗,心情還不是很美麗)。緊接著,我倆便像兩條直線,交集後各奔東西(她往西,我往東)。想不到的是當我家的狗鑽到豐田車底下,被我用力往外拖時,老奶奶不期而至,同時以溫柔的聲音呼喚我家泰迪,可惜得到的是冷漠以對。

"這是隻老狗嗎?"老奶奶問我。

"是的,它有點兒耳背。"我解釋。

"跟我想的一樣。"她停頓了幾秒鐘,"我的狗去年死了,16歲。"

每個談到愛犬死亡的狗主人,多少都會愁雲慘霧,眼前的這位也是,於是我安慰了她一下,然後轉移話題問她是哪裡人?

"我來自波蘭。"她答。

當下我就聯想起兒子的第一任女友,她也來自波蘭(波蘭裔英國人)。

"波蘭現在很冷啊!"我說。

"是的,不像這裡,每天都熱得很。"她像想起了什麼,"目前還不是最熱的時候,等潑水節一過,熱浪才真正來襲,所以我回波蘭去,兩邊各住半年。"

話一答完,一隻吉娃娃忽然衝過來與我家的狗打招呼。

"哇!吉娃娃,好可愛。"老奶奶對狗主人說。

我猜想那位俄羅斯長相的狗主人聽不懂英語,所以才會一句不吭。

為了化解尷尬，我問老奶奶："妳家的狗是小型犬還是大型犬？"

這點醒了老奶奶，她趕忙掏出手機相片，我一看，這不是我家狗子最喜歡的雪納瑞嗎？

（註：狗也有看對眼的，譬如我家的狗跟雪納瑞最合拍，一見面就熱情如火，反觀別的狗，可得不到這樣的待遇。）

"Hsueh-na-jui." 我喊道。

老奶奶愣了一下才反應過來，接著同意這是條雪納瑞（原諒我不知道雪納瑞的英文該怎麼發音，只好說中文）。

話說到這裡，我家的狗已經不耐煩，硬拖著我往前走，本來我想把它給拽回來，怕老奶奶誤會我虐狗，只好匆匆道別。

回家後，我把波蘭老奶奶的忠告（四月以後會更熱）轉告給老公，他答："不管熱到什麼程度，騎摩托車的泰國人還是包得嚴嚴實實的。"

"才不會！"

"妳要不要打賭？"

自從老公說過這樣的話，我開始留意起路上的摩托車騎士，發現外國人還是一身輕涼，有的甚至連頭盔也沒戴，但泰國人就不一樣了(還真被老公說中)，正常點兒的，穿上長袖薄襯衫；不正常的，穿上針織套衫，而最讓人瞠目結舌的當屬外賣員，他們不僅穿上夾克，有的還會戴上口罩和手套。

趁著一次取外賣的機會，我忍不住問那個會說英語的外賣小哥：「你不熱嗎？」

「熱啊！」他答。

「那你還穿這麼多？」

「有風。」

我頓時懵了，有風不好嗎? 有風才涼快呢！

為了不耽誤人家賺錢，我沒再多問，但心中的疑雲並沒有散去，直至某天看完房走出小區，一位包裹得像顆粽子的泰國騎士呼嘯而過，這喚起我的求知慾，趕緊不恥下問。

「泰國人認為吹風容易生病。」仲介答。

「可是冷氣房裡的泰國人同樣穿得很少啊！」我提出質疑。

「那是因為冷氣房裡的風不是自然風。」

這聽起來很匪夷所思，所以我特地上網查了一下，這一查還真被我查出端倪，原來中國的老祖宗早有警示，譬如《黃帝內經》裡說：「虛邪賊風，避之有時。」和「聖人避風如避矢石。」；俗話也說：「神仙也怕腦後風。"及"坐臥防風來腦後，腦後受風人不壽。"

這麼看來，泰國人怕風不是全無道理，倘若吹自然風真的令他們生病，那麼趨利避害又有何錯？

5、可愛的警察叔叔

用來形容警察的詞語很多，譬如雷厲風行、果敢堅忍、無所畏懼、正氣凜然、光明磊落、大公無私、公事公辦……等，但就是沒人用"可愛"來形容，因為那顯得不倫不類。然而當我寫下這一篇時，發現雷厲風行、果敢堅忍、無所畏懼、正氣凜然、光明磊落、大公無私、公事公辦……等，都不足以形容泰國的警察，反而"可愛"更貼切些，於是將標題定為"可愛的警察叔叔"，至於他們如何可愛，請容我娓娓道來……

疫情初期，我和老公有幸待在泰國，一開始真的是美滋滋的，到處遊山玩水，發在朋友圈裡的照片讓待在國內的朋友都羨慕不已，甚至發出靈魂拷問："你們怎麼連口罩也不戴？"

"這裡的人都不戴呀！"我回覆。

然而隨著疫情的越發嚴重，一向慢半拍的泰國政府也嚴肅起來了，一條條的規定陸續出籠，讓群眾看得眼花繚亂，這也造成了一個問題，那就是信息滯後。不懂？好，讓我舉個例子，某天，當我和老公在海灘上散步，並且納悶其他人都跑哪裡去時，一名警察站在人行步道上向我們揮手。

"他為什麼向我們揮手？"我問老公。

"大概say hello 吧！"

既然警察都打招呼了，我等平民百姓怎可無動於衷？於是我也揮手致意，結果得到的反饋卻相當奇怪。

"他好像不是對我們say hello。"我對老公說。

老公也承認的確不像，而隨著警察的腳步越來越近，情況已經從"美麗的誤會"變成了"不容樂觀"。

"疫情期間，海灘禁止進入。"警察一靠近我們便說。

"對不起，我們馬上離開。"

老公答完，拉著我正要走開，結果被喊住，因為還沒繳罰款。

"什麼？"我睜大眼睛，"還得繳罰款？這是什麼時候的事？"

"已經實施一天了，你們不看新聞嗎？"警察反問。

這個回答讓我找到突破口，央求他網開一面，理由有二：首先，我們是外國人，一時沒留意新聞，情有可原；其次，才實施一天，可見是條新規定，口頭警告一下得了，沒必要上升到罰款的程度。

然而方才還是小熊維尼的警察，瞬間就變成犟脾氣的驢，說什麼也不讓，很快便遞過來一張罰單。

"現在付？"我問。

"你們也可以上警察局付。"他答。

想到我們連警察局在哪裡都不知道，還是當場付省事，於是掏錢消災。

警察收下錢後，給了我們一張收據，說："今天之內倘若再有其他警察想罰款，你們就給他看這張收據。"

"你的意思是我們可以繼續在海灘上散步？"我難以置信地問。

"你們不是已經繳了罰款？"

這個反問代替了回答，同時震碎了我的三觀。

趁我還沒從暴擊中清醒過來，老公趕緊拉我離開，害怕下一秒鐘我們就走不了了。

因為心疼錢，被罰款了之後，我和老公開始留意新政策。某天，新聞上說夜裡X點後不允許買酒，這條規定對我們來說根本是多餘的，因為我不喝酒，老公也只是偶爾才喝，大多數情況下是不喝的，所以當某個夜裡，我們夫妻倆從超市購物回家，一位警察騎著摩托車將我們攔下時，我壓根兒就沒往那個方向想。

"＠￥～％＃……"警察指著我們的購物袋用泰語說，那姿態頗有居高臨下的氣勢。

"What？"老公問。

於是警察轉頭看我，同時發出求助的信號（顯然把我當成同胞），而我則用"別求我，我也聽不懂你在說什麼"的眼神反擊回去。

由於沒能在我這裡得到幫助，警察只得自救，最後蹦出一句"Alcohol"，還怕我們聽不懂，又表演醉酒的樣子（老實說，他的表演很具喜感，頗有卓別林的味道）。

"No."老公答，同時將購物袋放在地上，等待檢查。

結果那位警察只是探頭瞄了一眼，連尊貴的手指都沒動一下就放行了。

回家後，我問老公："既然不搜購物袋，攔我們做什麼？"

"大概是想看我們的反應吧？！如果我們表現出驚慌失措的樣子，他應該會搜。"老公答。

我心想搜出來又如何？大概繳了罰款就能把酒拎回家喝（這是依據海灘事件所做出的推測）。

後來我們回到國內（老公長期滯留在泰國也不是事兒，總得回公司打卡），再後來的後來，我和老公又回到泰國，並且展開夢寐以求的養老生活，而養老生活的第一步便是申請養老簽證，於是我們上移民局排隊去，可惜時間沒算好，卡在了中午用餐時間。

"11點半到下午1點是吃飯時間，你們可以去吃飯，吃完再回來排隊。"維持現場秩序的警察大聲對排隊的人群說。

話甫歇，無人離開，於是警察又重複了一遍，結果依舊，這讓他產生自我懷疑，一轉身，雙手立刻作母雞拍翅狀兼吐舌頭，完全就是"怎麼辦？他們怎麼不走？是不是我的英語說得不對？"的驚慌狀，惹來哄堂大笑。

其實他的英語沒有問題，只是昨天移民局沒開門，兩天的人潮全擠在一天，大家想著已經排隊那麼久了，一離開，回來恐怕又是天長地久，所以索性繼續排下去。

可愛的警察還包括交警，就在前幾天，當我們準備到水果市場買點兒水果吃時，不巧被埋伏在十字路口的交通警察給攔截下來。老公有駕照，所以我們有恃無恐地等待檢查（警察同時攔下數輛摩托車），這一等，讓我萌生拍照的想法，結果一拍完，一位警察忽然從我背後現身，巴巴拉地用泰語指責我，我猜大意是："妳怎能拍警察執法呢？妳不知道這是禁止的嗎？哎呀！妳也太缺心眼了……"

此時，手裡拿著駕照的老公對我投來怨懟的眼神，我猜大意是："妳怎能拍警察執法呢？妳不知道這會牢底坐穿嗎？哎呀！妳也太缺心眼了……"

不堪兩面夾攻的我，決定做點兒什麼，於是對那位剛長篇大論完的警察說："Ok，bye-bye．"

您若問我為什麼答得那麼無厘頭？老實說，我也不知道，只是下意識覺得人家說了一堆話，總得回點兒什麼。

結果那人聽完後愣了一下（大概沒料到我會用英語回覆，因為看著像是本國人），不過接下來的操作還真有點兒"歪打正著"的意味，因為那位警察竟也回覆我："Ok，bye-bye."

既然警察都說bye-bye了，還不快走? 於是我立馬跨上摩托車後座。

"警察說可以走了嗎？"老公滿臉狐疑地問我。

"說了說了，"我點頭如搗蒜，"他說bye-bye。"

然後我倆像做了什麼虧心事，偷偷摸摸地"插隊"逃離，而可愛的警察叔叔們（包括還在檢查別人證件者）只是眼睜睜地看著我們走，一點兒也沒挽留的意思。

6、椰子的故事

很久以前,我曾聽過這樣一個故事——東南亞的椰子樹上常有猴子出沒,當地人若想取得椰子,只需向猴子扔石頭。猴子一被激怒,自然會摘取樹上的椰子以牙還牙,如此一來,不費吹灰之力就能得到最新鮮的椰子。

這個故事聽起來很神奇,以致在我的腦海裡烙下深刻的印記,可是幾年過後,這個說法遭到嚴重的考驗,因為我讀到一則報導,說的是美國動物保護組織指責泰國椰農訓練猴子採摘椰子,而且超時工作,這是虐待動物的行為,呼籲群眾抵制泰國出產的椰汁、椰漿和椰油……

我心想傳說中的"人猴大戰"怎麼變成了"飼養和勞役"關係?還有,猴子在泰國並不是時時刻刻都能見到（至少人群聚集的地方幾乎沒有），那麼市區的椰子又是如何採摘的？

這個疑問埋藏在我心中多年，一直沒能得到解答，直到上週末，我才"好像"得到部分答案。

話說我和老公最近在看房，目標是兩臥、帶大陽臺的明亮公寓。由於預算有限，我們把目光擺在芭提雅往南二十多公里處，該房源的網上照片很令人心動，譬如從窗口就能見到一望無際的大海，微波粼粼、水天一色……

"你跟仲介約好時間了嗎？"我問老公。

"說約好也約好；說沒約好也沒約好。"他答。

"什麼意思？"

"對方是泰國人，我說什麼，她都答OK，所以不清楚她到底聽懂了沒。"

基於那不確定的一丁點兒可能性，我們還是按照"約好的"時間前往，果然被放鴿子。

"你要不要再打個電話給她？"我問。

"不了，這公寓臨馬路，一看就不喜歡。"老公答。

原來網上照片還真不能全信，以為的"beach front"其實中間隔著一條馬路，過了馬路還有個看起來像違章建築的海鮮餐廳，意思是如果從窗口望出去，除了大海，應該還能看到不太雅觀的鐵皮屋屋頂，顯然，這不是我們想要的。

雖然看房失敗，但這裡的海灘挺美的，沒有吵雜的遊客和大型商店，自有股安逸與別樣的風情，所以也不算白跑一趟。

接下來，我們沿著海灘，打算走到垂釣區，結果人算不如"天"算，才走了不到500米，全身便紅得像是煮熟的蝦子，不得不舉白旗，轉而找家餐廳吃飯兼休息。

被我們"看上"的餐廳三面通風，屋頂用茅草蓋住，符合所謂的泰式情調。

坐下後，老公點的三明治和西瓜汁很快就上桌，可是我點的大蝦粉絲和新鮮椰子卻好半天不見蹤影。

"廚子該不會釣蝦去了吧？"我喃喃道。

話一說完，老公噗嗤一笑，我順著他的目光望過去，一名年輕女孩正拎著一袋子的蝦往後廚走去。

乖乖，還真被說中了，只是"釣蝦"變成了"買蝦"，可見平常的生意有多清淡，連存貨都沒準備。

好不容易等來我的大蝦粉絲，老實說，味道挺好的，只是口渴的感覺越來越強烈，這才發現椰子還沒上桌。

"他們該不會摘椰子去了吧？"我喃喃道。

話一說完，老公又噗嗤一笑。我轉過頭去，看到一個皮膚黝黑的精瘦男子很悠閒地向我們走來，左手提著兩串椰子(約有六、七個)，右手握著長柄彎刀。

乖乖，怎麼又說中了？

那男子把椰子扔在離我們座位不遠的草地上，接著用手掰下一個，果不其然，掰下的那一個是給我的。

這件事證明不止猴子會摘椰子，人也會，而依據客觀事實（工作梯攜帶不易且需第二人扶著），我判斷那人是徒手爬上去，再用彎刀砍下，至於為什麼要耗費那麼長的時間？我猜想要嘛附近的椰子全被採光了；要嘛樹上的椰子還太小，他不得不到遠一點兒的地方碰運氣。

自從知道椰子"也許"是人為採摘之後，多少有些失望，因為我還是比較喜歡"人猴大戰"的版本（這個有趣多了，不是嗎？），結果昨天遛狗時又被我發現第四個版本，讓我耳目一新。

老實說，當我看到那個泰國女人拿著一根長棍子出現時，第一個想到的是——這是一根曬衣桿。可是當她拿出小刀，並且將它綁在棍子的一端時，情況開始變得詭譎。

"她要割稻子嗎？不對，這裡沒有稻子；她要割草嗎？也不對，既然沒有農作物，割草又有何用？"我心想。

等女人準備就緒後，她先走向離她最近的木瓜樹，刀起刀落，不一會兒的工夫，一個青木瓜就著地了。接著，她走向更遠的椰子樹，同樣的手法，一個椰子也落地了。此刻，她才撿起地上的椰子，回頭再去撿青木瓜，然後若無其事地走開。

回家後，我馬上"說嘴"，老公答："這下子她的晚餐解決了。"

"什麼意思？"我問。

"吃青木瓜沙拉，喝椰子水呀！"

哈！還真是，難怪泰國人的幸福指數那麼高，原來再怎麼艱難也餓不死，有什麼比這個更加幸福？

7、社恐的芬蘭人

最近看到一則報導，芬蘭又在2023年全球最幸福的國家排行榜中奪魁，之所以稱"又"，乃因這個國家已經連續六年蟬聯第一。與此同時，它的抑鬱率也居高不下，連年排在世界前三，這實在是一件非常矛盾的事，有點兒"快樂又痛苦"那味兒。經我大量閱讀相關資料後，把造成這個國家幸福且抑鬱的原因分別羅列如下：

1、芬蘭人的幸福感來自——貧富差距小、有安全感（水、空氣質量、食品安全都得到保障、犯罪率低）、工作環境友好、窮人和弱者皆能得到社會關愛……等。

2、芬蘭人的抑鬱感來自——天氣惡劣所造成的情緒低落、社交圈子小（容易自我封閉）、大量飲酒所帶來的空虛寂寞……等。

如果您以為這篇是為了探討幸福的真諦和支招如何避免抑鬱，那就太高看我了（年過半百，我自己都還沒活明白，何況教育他人？），我其實想談的是我的芬蘭鄰居，一群"自掃門前雪又相當重視生活規範"的社恐人士。

想當年買下目前住的公寓，多少帶著衝動，老公的頻頻催促是原因，仲介的甜蜜轟炸也是原因（這個嘴甜的小姑娘買來大量街邊美食投餵我，沒辦法，吃人的嘴軟）。倒不是說我後來後悔買房了，而是買下後才知道一些從前不知道的事，譬如開發商老闆是芬蘭人，而這棟樓的底層將會有一個芬蘭人的圖書館兼交誼廳。

老實說，開發商是誰跟我一點兒關係也沒有，至於圖書館兼交誼廳，那也不歸我管，愛咋咋地，但收房後我才發覺以上兩點是有連帶關係的，並且影響到我的日後生活，且聽我道來……

首先，芬蘭是個愛護動物的國家，衝著這一點，我住的小區成了泰國為數不多的寵物友好公寓；其次，由於本棟樓提供芬蘭人的社交場所，以致多了許多芬蘭買家，這給住戶委員會提供了良好的基礎——每當有重要事情需要表決時，投票結果很容易便傾向芬蘭這一邊（泰國法律雖然規定公寓必須保留51%的名額給泰國人，但泰國人很少參加會議；反之，芬蘭業主卻是積極參與，而樓裡的大量俄羅斯人多是租客，無投票權）。舉個例子，有一陣子我經常能見到牆上貼著告示，譬如不准抽菸、不准製造噪音、不准寵物在樓內大小便……等，大概害怕收效甚微，後面還備註了罰款金額。我和老公算是比較循規蹈矩，也不喜歡聞煙味、聽吵死人的音樂和誤踩狗屎……等，所以無條件支持。別看這好像是件小事，卻死死掐住"視規定如糞土"者的軟肋，因為夾著"投票通過"的底氣，樓裡時不時會有"較真的芬蘭人"盯著，想鑽空子? 沒門！

如果您因此認為芬蘭人都是社交達人，那又錯了，他們是我看過最沒溫度的一群，有的甚至極端社恐，好比樓裡有兩部電梯，如果芬蘭人看到我在等電梯，他們會不嫌麻煩地走向另一部，為的就是避免近距離接觸。

我理解社恐人士的"不願被打擾"，自己也不想去打擾人家，但白人在我眼裡長得都差不多（正如洋人無法分辨黃種人來自哪個國家），所以我只能依據"目光有沒有落在我身上"來決定該不該打招呼,不過這個方法也有失靈的時候,譬如昨天有個洋女人與我"狹道相逢",她的眼睛看著我,於是我跟她道聲嗨,結果她一句不吭,我以為她沒聽見,又打了聲招呼,她還是冷冷地看著我,搞得我像個傻子似的。

再說說樓底下的圖書館兼交誼廳,光顧的芬蘭人不少,但聲音不大,甚至說得上輕聲細語,這放在其他國家都很罕見,換上X國人試試,不把屋頂掀了才怪!

這一天,我和老公下樓繳交水電費,想著這事老公一個人就能搞定,於是我提前走出辦公室,結果看到一名洋女人抱著孩子遠遠站著,我以為她在等人,所以不以為意。等老公出來後,我們一同走向摩托車的停車區域,也不知哪根筋不對,我忽然轉頭,恰巧目睹那女人抱著孩子走進辦公室的一幕。乖乖,敢情這位"芬蘭人"(我猜的,應該八九不離十)已經社恐到這個程度,連與人共處一室(即使是公共區域)都不願意。

針對時刻與人保持距離的芬蘭人,老實說,我討厭不起來,甚至說得上喜歡,因為在社恐人士面前,我感覺自己很社牛,這可比面對社牛時,自己成了不知所措的社恐要好太多了!

8、泰國治癒了我的形象焦慮

記得很小的時候,母親總讓我穿上一件暗紅色的上衣,上面有一圈掉了毛的裝飾,醜不拉幾的,我很不喜歡,但母命難違,我也只能無奈穿上,然後接受同伴們的嘲笑。

不止這件醜衣,回想我的整個成長過程,上大學前幾乎沒有選擇衣物的權利,因為總得撿姐姐的舊衣舊鞋穿,這讓我感到無比的自卑。後來遇到我的真命天子(老公),口袋裡有錢了,為了消弭內心長久以來因貧窮所產生的自卑,我不斷地買買買,試圖用外在的光鮮來證明自己過得好,結果目標沒達成,反而某些時候更加自卑,因為一山還有一山高,我永遠也無法追上真正的白富美。

後來老公沒賺那麼多錢了(金融高管就是這麼如履薄冰),我也被打回原形,重新過起節儉生活，但日常還是會化化妝，留意一下外在形象，畢竟這個社會還是看人下菜碟，不修邊幅很容易遭人白眼。

來到泰國之後，我發現我骨子裡因窮酸外表所帶來的自卑被真正治癒了，因為這個國家四季如夏，普遍的穿著就是T恤加短褲，是不是名牌傍身，根本無人在意。有一次，我甚至看到一個女人穿著泳裝就上街（下身套上一條極短的牛仔短褲），怪就怪在那畫面一點兒也不突兀，反而帶點兒酷。想當然爾，在此氛圍下的我和老公也入鄉隨俗，趿著涼鞋進商場是常有的事，連昂貴的餐廳也照闖不誤，從來沒被鄙視過（這點很重要，如果會被鄙視，代表我的形象包袱依然存在，焦慮就不可能被治癒）。

相信大家都看過有關泰國王室的報導，照片中的王室成員無不穿上美麗的泰服或燙得筆挺的軍裝，不知有沒有人像我一樣替這些貴族叫苦？因為即使開足冷氣，那也只是減輕"穿正裝做桑拿"所帶來的痛苦，更不用說在烈日下行使公務了，笑得出來的都是人才（有錢有權的人也難免遭罪，這讓我等平民百姓終於得到些許平衡）。

說起貧富差距，泰國肯定是有的，但從外表實在很難判斷，因為大家都是怎麼清涼怎麼穿。舉個例子，有一次我和老公進入一家網紅餐廳，隔壁長桌坐了一大家子，有大人也有小孩，我對老公說："這是個有錢家庭。"，老公立馬表示同意，而且與我的判斷標準驚人的一致——不是依據外在形象，因為他們的穿著與一般人無異，而是小孩子都操一口流利的英語（您想哈！普通的泰國家庭會有這份財力把孩子全送出國或全送進國際學校嗎?）。

話說一個國家有貧富差距實屬正常，但能做到不以貧窮為恥就不簡單，而泰國做到了（有錢的會惦記著做功德，沒錢的接受救濟也大大方方的），我認為是宗教的力量讓他們不去歧視比自己困難的人。

網上對泰國的評價很多，好的方面有：風景優美、小吃多、房價相對便宜……等，但我認為都不如"不用打腫臉充胖子"來得直指核心，這才是這個國家的最可貴之處！

9、差不多先生的孿生兄弟

胡適先生曾創作一篇傳記體雜文《差不多先生傳》，用來諷刺當時中國社會裡處事不認真的人。時光荏苒，歲月如梭，這麼多年過去了，我認為中國人骨子裡的"差不多"精神依然存在，舉個例子，中國食譜裡常見的糖少許、鹽適量、姜半塊……等，絕不會在西方食譜裡找到，因為西方人搞不懂少許是少多少？適量的量又是如何界定？還有，半塊到底是多大塊？畢竟他們的食譜在數量上會精準到以克或粒為單位，時間上也會標上幾分幾秒，甚至還會告訴您油溫達到幾度時才下鍋。可想而知，當東方的差不多小姐（我）遇上西方的精準先生（我老公）時，會碰撞出怎樣絢爛的火花……

"這春捲要炸多久?"老公問我。

"炸到金黃。"

"那是幾分幾秒?"

"你別管幾分幾秒,看顏色,顏色變成金黃色就可以撈了。"

"那麼金黃色是亮的金黃色還是暗的金黃色?"

"呃……隨便啦!可以吃就行。"

"問題是我不知道怎樣才算可以吃。"

煮東西如此,打掃衛生也一樣,我是看得見的地方才保持乾淨整齊,而乾淨整齊的標準也是以"差不多"為最高原則;老公就不同了,雖然他很少做家務,但偶爾也會良心發現,所以當他挽起衣袖做家務時,不僅"凡走過不留痕跡",連沒走過的也不留痕跡。

看倌們大概也瞧出我是那種努力發揚國粹(差不多精神)的人,如果您以為此精神只有我大中華有,那就錯了,我發現咱們的好兄弟(泰國)也挺助力的,有時甚至比差不多還差不多,最後成了"差很多"。

講到這個就不得不提我從清邁飛往曼谷那件事,由於當時的機票是分開來買,上海飛清邁我買的是A航的票,所以當我從清邁飛曼谷時,腦袋自動跳出A航(其實是B航),怪就怪在我還能正常值機,並且拿到登機牌,如果不是進關的隊伍排得有點兒長,我不會去瞄手中的登機牌,而我不去瞄那張登機牌,就不會發現上面的姓和名竟然全沒對上(姓倒是中國姓)。

茲事體大,我趕緊跑回原來的值機櫃臺問個明白,結果小姐姐笑了笑(虧她還笑得出來?),答:"怎麼中國姓長得好像?"

頃刻間,我的腦海裡飛過一群烏鴉,好個中國姓長得好像,就算同名同姓好了,護照號碼能一樣嗎?

後來,我總算拿到正確的登機牌,也順利登機了。

事後回想,這件事其實不能全怪小姐姐,畢竟我"差不多"在先,才導致她"差很多"在後。

再提另外一件事,這個我至今也沒搞明白該歸為"差不多"還是"差很多"?如果單純從"明知故犯"的角度看,無疑屬於"差很多",且聽我細說從頭……

前陣子,我家的花灑管子漏水,通過物業請人來修(上門費250泰銖),結果修完後才發現花灑架子的內徑與管子對不上,工人是硬卡進去的,我們取下後便再也攔不回去了。

"現在怎麼辦?"我問。

"只能買條新的。"老公答。

後來我們上五金行買來新管子和工具,老公自己動手給修好了。哪曉得兩天後收到賬單,那條錯誤的管子要了我們480泰銖,我們當然不服,結果得到的答覆是:"你們用力一點兒就能卡進去了。"

呃!這聽起來有點兒像把一隻烤全雞硬塞進嘴巴裡,還說用力一點兒就能全擠進去了……

讓我更無語的是工人明知很快會露餡兒,還是這麼幹,同時臉不紅氣不喘地寄來賬單,這心理素質可真不是普通的強。

其他諸如商場做促銷,買一個50泰銖,買兩個105泰銖(這是哪門子的促銷?),或者郵箱內偶爾會收到"寄給鄰居"的信件等,其實只要二度確認或者留心點兒,這種小錯誤都能避免掉。話說回來,如果有一天泰國真的成了"精準先生",我恐怕也喜歡不起來,因為會要求自己精準的,同樣也會要求別人精準,對於習慣"差不多"的我來說,壓力巨大……

（順帶一提，我的那位"精準先生"經我三十年來的調教，已經習慣"被差不多"，而且絲毫沒有怨言，因為抱怨也沒用，徒增傷感而已）。

10、寶藏女孩

有一天,我問老公:"你是不是覺得把我扔進沙漠裡,我也能存活下來?"

他嘿嘿嘿地笑,讓人很想搧他一巴掌,與此同時,我還有"恨鐵不成鋼"的挫敗感,怎麼早沒發現自己是那萬中無一的寶藏女孩(現在應該叫寶藏老女人了)?

話說在我家,老公向來是發號施令的那一個,而我則負責實施。天知道,實施可比動嘴皮子要困難很多,偏偏老公自我感覺良好,絲毫不覺得有任何不妥,反而為"分工明確"而沾沾自喜。如果我能早點兒覺醒(自己沒那麼無能,而老公也沒那麼至高無上),一切都會不一樣,但時光無法倒轉,我也只能從過去的錯誤之中提取教訓,並且應用在未來的日子裡。

記得在澳大利亞時，某天老公打電話給我，說他肚疼進醫院了，給了醫院名稱後便掛斷。我打回去，他硬是沒接，我只好先察看一下紙質地圖（當時還沒有谷歌地圖），然後開車過去，發現急診室沒他的名字後，我轉向普通病房，最後兜兜轉轉找到他的房間。

"妳怎麼知道我在這裡？"他問。

"問一問就知道了。"我答。

此時的我仍沒意識到自己有多獨立，以致後來的幾年裡依舊以老公的想法馬首是瞻。

決定來泰國養老之後，繁雜的事情一樣樣浮出水面，居首位的便是變賣中國的兩處房產（這關乎我們能不能在泰國"舒服"地躺平)。賣過房的都知道，那過程相當煩人，得鬥智兼鬥勇，而我家老爺子除了坐下來簽字外，一概不管，等到了把錢匯出去的最後環節，也是由我去面對各種關卡，他只是到場露個臉罷了（錢從我的賬戶匯出去，身為配偶的他必須到場），啥事也沒有。

"我怎麼覺得房子從頭到尾都是我在賣，你則負責坐享其成？"我對老公說。

"我要上班啊！"他答。

"打個賭，就算你不上班，房子也是我在賣。"

"我不會講中文，字也看不懂，妳讓我怎麼賣？"

其實若真的把房子交給他賣，我還不放心呢！因為有前車之鑑（澳洲和新西蘭的房子皆被他"很好說話"地賣掉，打從那時候起，我就不相信"語言"會是道坎，就算我的英語再破，起碼也賣得比他好）。

來泰之後，一切堪稱順利，這還得感謝前幾年"先知先覺"地先買了房，不致於一開始就得為"房事"奔波，因為銀行開戶要居住證明，申請簽證要居住證明，連海運的家當（從中國寄過來）也得有個明確的去處。

也許太過順利了，上帝決定來點兒變化，就在前幾天，來泰一個多月的老公第一次患上急性腸胃炎，偏偏卡在取養老簽證的時候，身為寶藏女孩的我再次披掛上陣，由於沒有摩托車駕照，我只能自己想辦法到目的地，其中最省錢的方式是走到六巷搭雙條車，等抵達中天一路後再依據記憶走到移民局。計畫上沒問題，可是烈日當頭，還沒走到四巷我就有點兒撐不住（後來才知道當天的氣溫高達46度），於是攔下一輛摩的，說："我要到移民局。"

我猜摩的司機聽不懂"移民局"的英文，所以我又說了中文，結果他還是傻笑。

"中天。"我補上一句。

這次他顯然聽懂了，因為眼睛亮得像點燃了兩把火炬，那樣子彷彿說——哈！這次我終於聽懂了。

我很開心他聽懂了，進一步問多少錢？

"80 baht."他答。

我還價60，他不確定地伸出6個手指頭，我也伸出6個手指頭，生意成交！

上了摩托車之後，我的內心其實很忐忑，因為中天很大，司機又不知道我要去哪裡，而更悲催的是連我自己也不清楚移民局的正確位置（之前老公曾載我去過兩次，但記憶仍是模糊的）。

果然到了記憶中該轉彎之處，司機並沒有轉彎，而是朝中天二路直直開過去，這是要載我去哪裡？

我拼命在腦海中尋找記憶碎片，並且試著將它們拼湊起來，還好移民局的藍色大招牌適時落入眼底，我立馬要司機調頭，神奇之處在於雖然對方仍聽不懂我說的，但能意會，我終於有驚無險地抵達目的地。

付完60泰銖，我無視排隊的人群，拿著收據直接殺入，本以為這次萬無一失，結果還是出了差錯。

"妳老公的簽證沒問題，但妳的簽證我犯了錯誤，給的是多次出入境，而非單次。"簽證官說。

"那更好呀！不是嗎？"我開玩笑地答。

"妳得給我3000泰銖。"

我心中咒罵——什麼？！妳出錯，憑什麼讓我買單？

"我不需要多次的，一次足夠了。"我心平氣和地說，雖然五臟六腑皆被火點燃。

"可是我已經替妳付了3000泰銖。"她答。

這是個什麼鬼？她會替我付錢？

"不，我不需要多次出入境。"我再次聲明。

她仍不死心，告訴我多次出入境的好處——想進就進，想出就出，只要3000泰銖而已。

我仍死咬住不需要，她的態度遂從"和藹可親"變成"面目可憎"，最後以粗巴巴的聲音要我跟她走。

來到大廳的一個窗口後，她撇下我進去跟辦事人員咬耳朵，等了數分鐘我才拿到手寫更正並簽名的章。

"Thanks."我說。

她面無表情地走了,一句話也無。

其實3000泰銖對我來說不是事,但這是原則問題,此例若一開,後面會沒完沒了(只要申請養老簽,我就有可能再度遇到這位簽証官,所以絕對不能被貼上冤大頭的標籤)。

離開移民局後,我徒步去買老公想吃的牛肉派,接著坐雙條車回到六巷,當走到五巷和四巷之間時,我沒忘了上藥局替老公買藥,到了三巷口,我又上7-11採買日用品,包括那重死人的飲用水和大包衛生紙,等回到家,我已經累到虛脫(想想外面46度的高溫呀!但此刻不買,代表待會兒還得買,老公正病著,指望不上,而我完全不想再出門了),這才有文章一開頭,我問老公是不是覺得把我扔進沙漠裡,我也能存活下來?

有句話"女子本弱,為母則剛",其實不論有沒有為人母親,女人都比男人有韌性,只是很多時候女人並不清楚自己的價值,低估自己成為寶藏女孩的可能性,希望看到此文的妳能夠及早醒悟過來,可別像我一樣年過半百才知道自己有多麼難能可貴。

11、泰國的小費文化

我曾看過一名泰國網紅對著鏡頭說:"來泰國不需要給小費,我從來沒給過,我認識的人也沒給過。"

結果評論區被一大群人的唾沫星子給淹沒,全是吐槽在泰國沒給小費的下場,現在我也來談談這個"小費文化"吧!

話說小費文化不是只有泰國有,它最早出現在封建時代的歐洲(大約公元800～1400年)。在此時期,上流社會與下層社會涇渭分明,小費應運而生,成了顯示個人優越感的一種方式。到了19世紀中期,小費模式傳到美國(美國人向來有模仿尊貴歐洲人的傾向),由於帶有歧視性,以致後來有了"反小費運動",但此運動並沒有杜絕這種風氣,反而最終成為美國的一種"文化"(最初的

"正當"理由是農村居民湧入城市工作,這些人需要快速且便宜的飯菜,餐廳老闆為了壓低成本,遂把理應付錢給服務員的負擔轉嫁到顧客身上,也就是說,服務員惟有提供好的服務才有錢賺,而最低工資法的通過則進一步讓"小費文化"得到正名,因為服務員拿的是最低工資,顧客若不給小費,他們的生活會很艱難)。

如今,給服務人員(不限餐廳服務員)小費已成了美國和一些西方國家的一種習慣,雖然沒硬性規定一定得給,但若不給,很可能會被鄙視。

回到泰國,我認識這個國家的小費文化最初源於海關,當時我走的是落地簽,隊伍排得老長,好不容易輪到我,海關人員問我是否攜帶足夠多的泰銖(時間久遠,已經忘了確切數字,不過的確有此規定,大概害怕旅客沒錢又滯留在泰國,成了燙手山芋)?我早有準備,乖乖奉上,結果那位大爺當著我的面數了起來,數完一遍還不夠,又數了第二遍,接著開始撫摸那沓錢,摸完上層,摸下層,就這麼來來回回地重複動作。我不笨,當然知道他的用意,但就是裝傻,想著我乃一介良民,又身處公共場所,你能把我怎麼著?後來海關人員還是將我放行了,讓我有小勝一場的快感,然而沒多久就被酒店收拾房間的服務員給擺了一道(由於沒留下小費，房間內的椅子無故消失，經我投訴後也沒送回來。到了第三天，連洗漱用品也跟著沒了）。此時的我也槓上了，心想就不給，你能怎樣？

以後我往返泰國多次，大多數的情況下仍不給小費，理由很簡單，這些人已經領了工資，薪水配得上工作內容（不像美國賺的是最低工資），憑什麼我還得給小費？所以當所住小區的物業客服以極不耐煩的口氣跟我說話時，我毫不客氣地懟回去："妳的薪水是我付的，所以請禮貌待我。"

"對不起，夫人，我道歉。"對方答，用的是粗魯的語氣，您說氣不氣人？

從此跟物業客服接觸成了我的夢魘（不明白她為什麼會有那麼大的怨氣），直到換了個人，才終於有了答案。

"嗨！B杜，今天好嗎？"這位叫梅的客服微笑著問候我。

"很好，謝謝！"

"有什麼能幫到您？"

我說了自己的問題，她不僅細心幫我，還給了我負責人的郵箱，表示如果事情沒得到解決，可以發郵件詢問。

梅的出現改變了我對物業公司的不良印象，心中對她讚譽有加，然而不過幾個禮拜的光景，此人的狐狸尾巴便露了出來。

這一天，我到辦公室繳水電費，剛要取走找回來的零錢，梅笑著指向小費箱，我一時抹不下臉來，把手裡的零錢全奉獻了。到了第二次繳費，她故伎重施，我不高興了，直言給小費是自願性質，她這麼開口要，讓我很有壓力。

"是嗎？"她沉下臉來，"那麼下次我不這麼做了，妳走吧！"

"妳走吧！"這句話讓我怒火中燒，我是小區業主，還輪不到她趕人，於是我問她什麼意思？以前的熱情是不是裝的？

梅大概也意識到我準備大幹一場，於是連說三聲對不起，同時將目光垂了下來。面對此情此景，我怎好打已經棄械投降的人？只能收起幹架氣勢，怏怏走開。

泰國人很不喜歡吵架，一看來真的，馬上主動熄火，但這不代表認錯，而是避開可能會有的爭執。回到上面的例子，如果說我"吵贏了"梅，一點兒也不屬實，她只是讓我以為自己贏了而已，反擊還在後頭呢！因為她從此冷眼相待，跟之前的客服一個樣。

光陰似箭，日月如梭，隨著年紀漸長，我明白了"因小失大"的道理，慢慢也接受"該給的錢還是得給"的真諦，所以這次來泰國養老，我開啟了灑錢模式，不過沒多久又回到"見山又是山"的境地，因為我感覺給錢給了個寂寞，拿餐廳為例，接待你的是A，送菜的是B，給賬單的卻是C，結果小費全進到C的口袋，這公平嗎？尤其最近發生的一件事，算是讓我徹底改掉給小費的壞毛病，且聽我道來……

那天，我和老公到一家網紅餐廳用餐，接待員很客氣，幫我們開了電風扇，全程還笑眯眯的，我心想待會兒肯定給小費，哪曉得到了買單環節，那人卻不見蹤影。由於趕時間，我們喊正在收拾桌子的小哥給賬單，這位小哥從頭到尾未曾服務過我們，結果給了找回來的錢後就站在旁邊等。我心裡不太痛快（這不是擺明了要小費？），但還是把找零的銅板全給了他，等我們走到出口處，恰巧又與這位小哥踫上了，想不到他竟然把我倆當空氣，連個再見也沒說。

我心想就算錢再少也是錢，何況他花在我們身上的時間少之又少，還想期待什麼？既然給了錢還得到這種待遇，我索性就不給了唄！

話說不給，有些情況我還是會給的，譬如有一次我到寵物用品店買東西，順便詢問哪裡有寵物寄養服務？收銀員雖不清楚，但主動幫我查找，我便給了小費，畢竟這不在她的工作範圍內，她是額外服務我的。

經過那麼多件事後，我學到如果心裡沒有說謝謝的衝動，那就別給小費了，因為會因小費待您好的，最終也會因"不再有小費"而對您惡，除非就想當土豪，否則能省則省吧！

12、吃不胖的泰國人

最近,我關注了一位美食博主,她的人設是"怎麼吃都吃不胖,而且食量巨大"。看了幾集,的確痛快,譬如大碗麵能一口氣炫七碗,包子一次吃50個、烤串兒能面不改色地吞下一百來根……等。評論區有人質疑她擺拍(只是咀嚼,並沒有真的吞下去)或者事後催吐。針對此點,我不予置評,但我的確見證過一位像她這麼瘦且食量超大的人,毫不誇張地說,我的這位"前同事"在清醒的狀態下,嘴巴就從來沒閒過,即使非常時期(好比開會或給學生上課),她也會嘴裡含顆糖,真要比喻,大概就像煉鐵高爐不能停,得持續投入燃料才行。

我很羨慕怎麼吃都吃不胖的人,所以來泰國之後,當看到滿大街的纖細女孩時,不禁心生疑問——她們都是受上帝眷顧的人（像上述的美食博主或我的前同事）嗎？還是有什麼不為人知的減肥良方？

其實不止泰國女人瘦，泰國男人也瘦，只是看起來不如女人討喜，因為缺乏"雄壯威武"的氣概，反倒有些女相。

既然有疑問，好奇如我怎可不追根究底？經我多方面的觀察後，得出以下結論：

1、骨架小

有句話"瘦死的駱駝比馬大"，為什麼？因為駱駝天生骨架大（與馬相比），所以不管如何瘦，框架擺在那裡，怎麼都顯大；反之，骨架小就容易顯瘦，將之放在泰國人身上，"優點"立現。

2、飲食習慣

去過泰國的都知道，他們的食物偏重口味，飯後甜點也沒有"輕甜"一說，現調的飲料就更別提了，如果不事先叮囑，包管甜到懷疑人生。依據這種飲食喜好進食，很難不發福，但實際情況卻恰恰相反，我認為是"少量多餐"之故，吃得少，胃自然不會被撐大，也就容易飽腹。

之所以有以上感悟，還是因為我無意間在朋友圈發的一張照片，朋友看過後問我："妳只吃這個能飽嗎？"

話說中國人的外食習慣大概會點一個飯加三樣菜（食量小或正在減肥的女生也許是一個飯加兩樣菜），但在泰國，蓋飯很常見，也就是一個飯加一樣菜，而且量都不大，好比發照片的那天，我點了個炒魷魚蓋飯，結果端上來一看，頓時傻眼了，飯是小半碗，魷魚塊（很小）五、六個，跟著一起炒的蔬菜也是一丟丟。

也許有人會說，既然量不大，多點幾道就是，但問題是大部分的泰國人就這麼吃，沒再多要（聚餐或特殊節日除外）。

再說甜食，眾所周知，吃甜的容易有飽足感，喝甜的也一樣(在此插一句，泰國的現調飲料會加很多冰塊，所以您以為的滿滿一大杯，其實喝幾口就沒了，剩下的全是冰塊)。也就是說，一份"小"蓋飯再加上甜食或甜飲，很容易忽悠自己已經吃飽了。舉個例子，假設某個泰國人早餐吃烤肉串和甜豆漿，中午點了蓋飯加飲料，到了下午三、四點左右吃塊蛋糕或巧克力，晚上再叫碗船麵(量小，兩口就沒了)外加飯後水果。從表面上看，這個泰國人一整天都在吃，而且還不忌口，但其實食物的總熱量並沒有那麼高。

3、桑拿浴

這裡指的不是進桑拿房,而是泰國的天氣酷熱難當,站在大太陽底下,即便什麼事都不做,不一會兒的工夫便大汗淋漓,跟洗桑拿浴沒兩樣。根據醫學常識,排汗會促進新陳代謝和血液循環,有什麼比這個更容易減肥?

綜合以上三項,我認為"大概、或者、也許"是泰國人保持苗條身材的原因。當然,凡事都有例外,泰國本地人中也不乏胖子的存在,而我來泰國這麼許久,好像也沒減重多少,不過這絲毫不影響我的美麗心情,因為減肥不是我這個年紀該煩惱的事,我該關心的是如何快樂且充實地度過人生的下半場,那麼胖點兒又有何妨?

13、租妻這件小事

前幾天,我和老公到我最喜歡的Fuji餐廳吃日料,點的是我最喜歡的豪華便當套餐,不僅有我最喜歡的刺身,還有我心心念念的牛肉卷,可是美食當前,我卻忍不住頻頻往右手邊望去……

如果您看過《天才槍手》這部泰國電影,應該對劇中女二Grace的扮演者依莎亞不陌生,當她替女主角整理儀容,再對鏡頭燦爛一笑時,就算冷血殺手也會化為柔情鐵漢,而坐在離我三步之遙的女孩恰好也是個甜姐兒,雖然容貌略遜依莎亞,但任誰都會說這是個漂亮女孩,若要打分數,沒有95分,起碼也有90分(滿分100)。

" 我的右手邊有個超級美女,快看!"我壓低聲音對老公說。

老公匆匆一瞥,答:"的確漂亮,可惜了。"

一句"可惜"撕開了遮羞布,這麼年輕又貌美的女孩卻被一位洋老翁給租了去,怎不令人嘆息?

話說泰國的租妻行業已經非常成熟,路上常見年紀大的白人挽著皮膚黝黑的泰妹,挑選的標準頗為一致,大多以"實用性"為主,譬如會說英語、年紀相仿、忠誠度高……等。白天,這些租來的女人成了導遊兼翻譯,到了夜晚就執行妻子的義務,等"租約到期"後再回歸家庭(沒錯,這些"假日妻子"不乏已婚者,據說她們的合法丈夫不但不會生氣,反而感激老婆為家庭做出貢獻)。

回到"爺孫戀",這是我第一次目睹那麼不協調的畫面,不僅雙方的年齡差達到半個世紀,顏質也堪比"美女與野獸",這豈不是在野獸頭上種草,很快就會綠油油一片?

也許有人會說不過吃頓飯而已,怎能認定兩人是租賃關係?

好吧!讓我們假設這是一對不談錢的忘年交,試問有哪對忘年交見面時不交談(年輕的那個拼命刷手機,年老的那個則安靜得像座雕像)?

這麼一分析，我發現白人老爺爺還真有耐心，女孩刷了多久的手機，他就陪伴多久，全程沒插嘴，也沒有擺臭臉。

"Look this."很久不搭理人的甜姐兒忽然把手機伸過去，同時將頭靠在老人的肩膀上，"Funny？"

老人看完手機內容後，微微一笑，還真有那麼點兒"膩寵孫女"的味道，如果不是兩人的膚色不同，我恐怕要以為這是一對親爺孫。

也許有人又會說女的可能是男的繼孫女，雖沒血緣關係，卻是法律認可的。

好吧！讓我們假設這是一對被法律認可的繼爺爺和繼孫女，試問有哪個繼爺爺會在結賬後摟著繼孫女的腰離去？

神奇的是一餐下來，我竟然從"可惜女孩"變成"可惜老頭"，最後又樂觀地以為也許這樣的組合也不賴（他為她提供物質保障，她則滿足他的虛榮心和實現"再年輕一回"的願望）。

既然提到租妻，我就來談談那回老公"被租妻"一事。話說俺的老公是白人，而我又長得像泰妹，放在租妻成風的芭提雅，被誤會不難理解，比較難理解的是竟然有人光天化日之下跟我"搶老公"，還是明搶，您說可氣不可氣？

不懂？好，讓我從頭說起……

那天，我陪老公去吃他叨念好久的烤肋排，女服務員表現得異常熱情（只針對他）。

老公點完餐，那女的收起笑臉，轉頭問我："＠％￥/€＠……"

即便我告訴她——我聽不懂泰語，她仍然又說了一遍泰語。

我猜想她無非問我想吃什麼，於是在菜單上指來指去，然而正是這個動作，讓她認定我就是個地地道道的泰國人，同時心生不滿——明明是泰國人，為何假裝不是？簡直可恨至極……（好吧！我承認後面是我加的，但八九不離十，您接著看下去就知道）。

老公的烤肋排端上來沒多久，我的炒飯也送到，只是大蝦炒飯變成了豬肉炒飯。

"也許她把Prawn和Pork搞混了。"老公說。

雖然Prawn和Pork聽起來有差別，但鑑於都是P開頭，我估且信之，可是到了買單時，明明我已經拿出錢包，她還是把賬單遞給同桌的另一人，這觸碰到我的敏感神經。

"875泰銖。"老公看完賬單後對我說。

我把1000泰銖放在桌上等她拿,隨後她果然把找回來的錢給了我老公,同時說:"下個月我不在這裡做了。"

"是嗎?"老公答,"妳換工作了?"

" Yes......No......"她停頓了一下,"你有認識的朋友需要人幫忙做家務嗎?我打掃得可乾淨了。"

老公看向我,眼神像是問:"妳有認識的朋友需要人幫忙做家務嗎?"

此時的我已經氣得七竅生煙,根本不願搭理。

老公從我這裡得不到答案,遂自行回答:"沒有。"

"如果哪天你的朋友需要,記得告訴我,我做到這個月28號。"

"28?"

"是的。"

然後我們在女服務員的"含情脈脈"下離開餐廳(目送的對象當然只限我老公)。

事後我告訴那個尚"不知不覺"的人——這個女人想取代我成為他的"假日老婆"。

"哈哈哈……"老公笑不可支,"妳想多了,如果她真的想當假日老婆,為什麼不直說?繞那麼一大圈,萬一有人誤會她想應徵女傭,該怎麼辦?"

"放心,全世界大概也只有你會誤會,正常男人都不會誤會。"我答。

然而此時正在寫文的我忽然又不確定起來,因為不是每個男人的腦子都會轉彎,否則就沒有"一根腸子通到底"一說。話說回來,如果那個女的真的只是應徵女傭,僱用她的男僱主大概能偷著樂,而男僱主的老婆就慘了,防火防盜外,還得防女傭。

14、海邊的按摩女

據說我現在住的芭提雅有15公里的海岸線，拿它與我住過的澳洲黃金海岸比，兩者的海水和沙灘品質不相上下，但我還是比較喜歡前者，因為氛圍感更加慵懶隨意。打個比方，在芭提雅幾乎沒有著裝要求（寺廟和某些政府機關除外），想怎麼穿就怎麼穿，即便趿著拖鞋進餐廳也是可以的，但黃金海岸就不同了，縱使客人能做到無視他人所投過來的鄙夷眼光，有些餐廳和場所還是會將著裝不達標的人拒之門外。換言之，如果想體驗一把"正襟危坐"的高級感，大可選擇高大上的旅遊景點，對於只想放輕鬆的人們來說，"低配版"的芭提雅也許更加合適。

（註：這裡的"低配版"沒有貶義之意，而是指"走親民路線"。）

既然芭提雅有那麼長的海岸線，想當然爾，我和老公時不時就往海邊跑，最經常的操作是臨近中午找家沿海餐廳吃飯，吃完後跨過馬路，然後在沒有椰子的椰子樹下或坐或臥（自從有人被從天而降的椰子砸死後，我們很留意選中的樹有沒有"懷胎"，"臨產前"的尤其不能要），反正怎麼舒服怎麼來。

一開始，我們為這愜意的時刻準備了可睡雙人的超大沙灘墊，後來發現"理想很豐滿，現實卻很骨感"，因為地面又硬又不平整，對腰椎不好的中老年人很不友好，連翻個身都費勁，何況爬起？後經多次的天人交戰（買沙灘墊就是為了省租躺椅的錢，怎麼到頭來打了水漂？），我們還是向現實低頭，轉身花200泰銖租兩把躺椅，總算活得像個人樣，而我就是在這樣的情況下見識了一位相當奇特的按摩女。

話說芭提雅的熱門海岸線幾乎都被海灘椅的租賃商家給霸佔了，他們除了出租躺椅，還兼賣冷飲和小食，對於前來兜售商品和手藝的"個體戶"，本著以和為貴的原則，商家們也多半睜一隻眼閉一隻眼。

"Massage？"一位泰國男子問我，雙手還做出馬殺雞的動作。

我回絕，同時心生疑問——有哪個女生會讓男生按摩？反正我心裡的那一關是絕對過不了的。

後來又有幾名泰國女人問我需不需要按摩？我依舊答不，因為感覺泰式按摩過於溫柔，與其讓人在身上"摸來摸去"，我寧願省錢買根冰棍吃。

這一天在海邊，我剛睡完午覺，才從躺椅上坐起，一名按摩女出其不意地出現了。

"Massage？"她問。

"No."我答。

她接著問我是不是泰國人? 我還是答No。

"Where？"她三問（問的應該是我打哪裡來？）。

"Taiwan."

"Thailand？"

我重複"Taiwan"，她還是答"Thailand?"。

"Taiwan.T-A-I-W-A-N."

"Thailand？"

此時的我很凌亂，雖然"臺灣"和"泰國"的英語發音有點兒相似，但我已經拼給她聽，為什麼她依舊不明白？惟一的解釋是她連26個英文字母都不認識，會說英語全憑"鸚鵡學舌"。

"China."我只好答。

"Oh！China. I know China. I love China."

我給了她不失禮貌的微笑，然後低頭刷手機，期望她能"知難而退"，哪知她再次對我說："You like Thai."

這句話不符合英文文法，真要翻譯，有多重意思，"妳喜歡泰國"是其一，可是我知道這不是她的原意，她想說的應該是"妳長得像泰國人"，於是我告訴她——很多人認為我是泰國人。

"Yes. Yes. You like Thai. Thai like you. Same. We are same. Do you massage？"

最後一句殺得我措手不及，完了，遇到高手了。

於是我告訴她我背疼，不能按摩，她果然提出解決辦法——只按摩腳，保證舒服。

到了這個地步，我只能收起"模稜兩可"的說法，嚴肅且明確地拒絕她，可是等她失望地離開後，我反倒有些戚戚然。

是這樣的，海邊有不少的按摩男和按摩女，通常只要說聲No，他們就會知趣地走開，不像此女那般"死纏爛打"，可是她的積極攬客我又挺能理解的，因為從世俗的眼光看，她的長相奇醜無比，不僅眼突嘴歪，還有兩顆大暴牙，如果不纏住客人，很可能一整天都沒有進賬，這也是我拒絕人又不好意思的原因。

幾日過後，我和老公又來到海灘，同樣的海風習習，同樣的蟬鳴鳥叫，同樣的睡意全開……等我醒來（尚半夢半醒間），耳中傳來"似熟非熟"的聲音。我定眼一看，原來是那個"不輕言放棄"的按摩女，她找到生意了，正在給一位微胖的金髮女人做按摩，位子就在我的左前方不遠處。

本來這個距離不可能聽到談話內容，偏偏按摩女的聲音很高亢，想假裝聽不見都難，加上她的英語雖破，但表達方式挺有趣味的，我索性"認真"聽下去。

"……"這是洋女人的聲音，完全聽不清楚。

" You are rich. You are beautiful. You are everything."這是按摩女的聲音，聽得一清二楚。

"……"

" He is bad. Don't go to he. "

" ......"

" No, out he. I beat he."

" ......"

" Of course. You are a girl. I too. Same. We are same. I beat he."

......

聽！是不是挺有趣的？根據對話內容完全可以勾勒出一個大概的輪廓：洋女遇到渣男，既迷茫又無助，按摩女送出彩虹屁，同時表示要給渣男來個痛擊（能不能實現不重要，重要的是此時得講義氣）。

可想而知，當按摩結束後，除了講好的費用外，按摩女還額外獲得了小費（依據聲音的興奮度判斷，小費應該不少）。

此時的我也不得不為按摩女喝彩，同時心生惋惜，如果不是先天條件不佳，她完全可以有更大的發展空間，而非侷限在海邊追逐蠅頭小利，現在也只能說——可惜了！

15、發光的眼睛

說起我家狗子的最愛,第一:雪納瑞;第二:金毛;第三:目前還沒發現,所以當一隻黑色鬥牛犬(既不是雪納瑞,也不是金毛)出現時,我家的狗硬是不理睬,依舊老神在在地如廁⋯⋯

"￥#@&*⋯⋯"狗主人用泰語對我說。

"Sorry, I can't speak Thai language." 我答。

那個把自己曬成古銅色,並且擁有一身腱子肉的年輕女孩接著用英語問我是不是中國人?我承認,但隨後加了句"臺灣"。

"Oh!歹萬. Yes,I know 歹萬." 她說。

我感覺泰國人的發音是將字音使勁往下壓，接著很快上揚，譬如臺灣會變成"歹萬"，而英語裡的Madam（夫人）就變成"瑪丹吖"。

對於狗友來說，接下來的對話千篇一律，不外介紹各自的狗，包括年齡、性別、品種（如果一時分辨不出來的話）、出生地、名字……等。於是我知道眼前這條八個月大的母鬥牛犬出生在澳大利亞，名字叫GiGi。

"澳大利亞? 妳把狗從澳大利亞運送過來？"我問。

"是……不是，我不是狗主人，我的工作是遛狗，30分鐘，500泰銖。"

我又確認了一遍，的確是30分鐘500泰銖，折合人民幣約100元，這也太好賺了吧？！

由於GiGi是條幼犬，正是活潑好動的時候，當我和健美女講話時，它時不時便對同類投懷送抱，偏偏我家的狗正值"能躺著絕不坐著"的老年期，加上鬥牛犬不是它的心頭愛，沒多久便被跳上跳下的GiGi給惹毛了，反口就是一嘴，還好被我及時拉開。

"拜拜，拜拜。"我說，對象直指GiGi和健美女。

正常的操作應該是兩人各自牽狗往不同的方向去，哪知當我到達路口的7-11，再調頭時，又遇上我家狗子的冤家，於是歷史再度重演，我趕在我家狗子"下嘴"前拉開。

"拜拜，拜拜。"我說，對象還是指GiGi和健美女。

好了，到此應該再無交集——我牽狗回家，健美女牽狗往7-11的方向去。可是就是這麼神奇，走沒多遠，GiGi又屁顛屁顛地跟過來（看來健美女並不能有效控制狗），然後兩隻狗再次展開相愛相殺，直到小灰的出現。

說起小灰，他的地盤是從"戴小帽的女人"的家往外輻射200米。據我的觀察，這隻小灰雖然外表猙獰，但內心是個哲學家，經常見它默默看著遠方思考狗生，對"後輩"們（好比我家的狗）也很寬容。然而這個世界終究是"看臉"的世界，健美女一看到醜陋的小灰就如臨大敵，立馬抱起GiGi，大概害怕一個閃失，不僅500泰銖沒了，還得賠償醫藥費（奇怪，她好像不擔心我家的狗會咬GiGi，應該是料準我會為"慘案"負責）。

"不用害怕，這隻流浪犬不咬狗。"我對她說。

"不，它很兇，會咬GiGi。"

我心想她大概把小灰和小花混淆了（四巷的小花偶爾會上三巷巡視，至於它會不會咬同類?我沒親眼見過,不能亂說,但小灰絕對是條好狗,乖得很)。

結果還沒等我替小灰洗刷冤屈,少爺便騎著電動獨輪車出現,健美女見狀,迅速放下懷裡的狗,然後裝模作樣地笑對狗說:"GiGi,妳看這是誰?"

少爺飛車經過時,不忘跟GiGi打招呼,看那情景,應該是自家的狗無誤。

談起少爺,就不得不提我家這棟樓的對面小區,明明只隔著一條不到四米寬的窄巷子,價格卻有天壤之別,住戶看起來也高大上許多,這其中就包括少爺。

"少爺"當然是我取的,原因是他總一身潮服,不是開著敞篷跑車,就是騎著電動獨輪車,一看就知道家裡有礦(根據健美女的說法,此人來自澳大利亞,家裡還真可能擁有礦山)。

既然是有錢人家的少爺,"養狗不遛"也說得過去,反正不差錢就是。

自從知道GiGi"八九不離十"是少爺的狗之後,這隻鬥牛犬在我眼中立即成了駕著七彩祥雲的黃金狗,所謂"一人得道,雞犬升天",說的大概就是這個。

雖然我相當清楚GiGi的身份高貴，但我家的狗可沒那麼世俗，下次見面照樣給它來一嘴。健美女大概也意識到這一點，從此很有默契地各走各路，也正因如此，給了我觀察的機會，結果發現這個拿錢遛狗的人其實不太盡責，多數時候低頭看手機，對狗也沒什麼耐心，不過時間倒是掐得精準（她的手機設置了鬧鐘提醒），說好30分鐘就是30分鐘，多一分都不讓。

"妳何不跟狗主人自薦？"老公對我說，"30分鐘只要300泰銖。"

我也想過賺這筆錢，但最後還是打消主意，不想"聽命於人"是表面原因，主因是我感覺健美女對少爺有不一樣的情愫，我不想壞了人家的好事。

"妳怎麼知道？"老公問我。

"看眼睛，當她望向少爺時，眼睛會發光。"我答。

老公聽完哈哈大笑，他說如果一個人的眼睛會發光，不是怪物就是外星人。

我徹底無語了，該怎麼讓老公認識到中國文字的博大精深呢？嗯……這的確是個深奧的課題！

16、泰國人的數學是體育老師教的?

前幾天，我和老公上超市，像往常一樣，他走他的路，我走我的，然後兜兜轉轉後，我倆又相逢了。

"妳在幹嘛？"老公問我。

"看洗衣液。"我指向掛著特價標籤的1.5升洗衣液，"這個便宜50泰銖哪!"

我正要伸手拿，被老公阻止了，因為他發現同樣品牌的小包裝洗衣液兩袋（750ml+750ml=1.5升），在沒有特價的情況下，竟然比"正在促銷且大包裝"的便宜。

這種奇葩的打折法已不是第一次見到，讓人不禁懷疑是純粹計算能力不行還是漫不經心所致？

再講到找零，一般泰國商店的收銀臺應該不致於出錯，因為掃碼後會有金額顯示，再把收到的錢數輸入，該找多少一目了然，除非數錯錢，否則很難出差錯，但路邊攤和蒼蠅小店就不一定了（前者手忙，可能沒時間按計算器；後者手寫賬單，增加出錯風險），而這正是測試泰國人計算能力的最佳對象。舉個例子，有一天我在夜市買了幾根炸串，老闆說77泰銖，我給了100泰銖，老闆轉身去找零錢，此時老公忽然覺得身上的銅板太重，不想攜帶，於是當老闆把23泰銖遞過來時，我老公給了他7泰銖，然後這兩人的手同時停在半空中，像被定格了似。我果斷出手，收下老闆的20泰銖（紙鈔），再把那3個1泰銖的銅板連同老公的7泰銖一起交給老闆，意思是讓他給我們"一枚"10泰銖的銅板，結果老闆還我們一張20泰銖的紙鈔。

我瞪向老公，潛臺詞是——自己挖的坑自己填。

然後老公不費吹灰之力地掏出一枚10泰銖的銅板（他的銅板多），當老闆收下那10泰銖時，表情無比感動（老天！他該不會以為我們給他10泰銖當小費吧？！）。

此事還沒完，就在我們走過十幾個攤位後，我忽然感覺不對，炸丸子每一串都是10泰銖,我另外又要了15元的炸雞腿和20泰銖的水，怎麼也不該是77泰銖呀！

我把自己的疑問告訴老公，他瞪向我，潛臺詞是——誰讓妳吃路邊攤？不吃不就沒事？

再舉第二個例子，潑水節剛過，我和老公便迫不及待地外出（因為不想被潑水，兩人已待在山上的家三天），當經過一家生意很好的蒼蠅館子時，我們走了進去，很快便發現這是個錯誤的選擇，因為店內之所以座無虛席乃因上菜速度巨慢，如果不是已經下了單，我們肯定走人。

等了約莫半小時後，終於上菜了，當看到那樣少的份量時，我吃了一驚，等結賬時，我又吃了第二驚，因為兩份各125泰銖的蓋飯，手寫賬單上顯示的卻是460泰銖。

"給錢就是，別問了。"老公小聲對我說。

460泰銖約92元人民幣，說多不多，但我不想給得不明不白，於是問椰子一個多少錢？

"80泰銖。"那個年輕的男服務員答。

"80？"我再次確認。

"……85。"他的聲音開始發抖。

"水呢？"我繼續問。

"20泰銖。"

我開始心算起來，125+125+85+85+20（我們只叫了一瓶水）=440，可是他卻要了我們460。

想著多出來的20泰銖不過4塊錢人民幣，加上小夥子已經嚇破膽了（他的臉色青一陣紫一陣的），於是我假裝不知情，把錢給付了，哪知一走出餐廳就看到外牆上的廣告——椰子50泰銖一個）。

"付了就付了，妳可別進去吵架哈！"老公提醒我。

真是知妻莫若夫，當得知自己上當受騙（而我還擔心小夥子臉上掛不住）時，真有跑進去大幹一架的衝動，但再一想，只是"被騙"90泰銖，下次不來就是，真沒必要為了區區18元人民幣損失個人形象（罵人可一點兒也優雅不起來），所以吃下啞巴虧，默默走人。

這個例子乍看之下明明就是"欺騙"，怎麼被我歸為"計算能力不佳"？因為我相信那個小夥子原來只想坑我們60泰銖，也就是一個椰子"只"多要30泰銖，這也是為什麼他一開始說80泰銖的原因，後來大概意識到自己的計算能力"可能"出錯了，才更正為85泰銖。簡言之，依據我的判斷，他原先的想法是125+125+80+80+20，結果計算錯誤，得出460泰銖的結論，莫名其妙地又多坑了30泰銖。

（註：蓋飯和水已在菜單上明碼標價，不好動手腳。）

以上所說只是個例，因為天地之大，哪裡都有騙子，斷不能一竹竿打翻一船人，何況大部分的泰國人還是誠實的，這個得聲明一下。

回到標題——泰國人的數學是不是體育老師教的？如果拋開計算器的運用，我認為大概率是"Yes"。不過話說回來，泰國人好像也不care這件事，算錯就算錯了唄！道個歉，再給出正確的不就結了？有什麼大不了的?

仔細一想，的確也沒什麼要緊的，放眼世界，每天都有慘絕人寰的事發生，還有那麼多人自殺、那麼多人得抑鬱症，這麼一比較，小小的計算錯誤頂多只能算是生活中的插曲，聽多了上火，但偶爾聽一聽，還能樂上一樂，也不算一無所獲。

17、昆蟲大作戰

有一天晚上,路燈下又有密密麻麻的蟲子在飛舞,老公問我家裡的窗簾拉上了沒?

"拉上也沒用,你知道的。"我答。

第一次見識到此飛蟲是在去年,當時說有多狼狽就有多狼狽,不僅頭髮、衣服上都有蟲子在爬,回家一開燈,那叫個壯觀,不僅群蟲起舞,另有一批"陸軍"在牆上、桌上、床上、椅子上、爐灶上、馬桶上……爬來爬去,嚇得我直跳腳。

"不行,今晚我們得睡酒店。"我說。

"妳以為蟲子識字,看到酒店的招牌就繞道而行?"老公問我。

想想也對，於是拋開任性，開始著手解決問題，步驟如下：

1、將所有門窗的縫隙都塞上紙巾（哪怕肉眼看不到的空隙），因為這些蟲子的體型微小，即使門窗都關上，只要空氣能進入，它們照樣擠得進來。

2、點燃蚊香，阻止更多的飛蟲進入。

3、關門打蟲，伸手能及的，戴上手套一一拍死；伸手不能及的，殺蟲劑便派上用場（後遺症便是我和老公差點兒被嗆死）。

然而不管我們怎麼努力，蟲子依然源源不斷地出現，真是見鬼了！莫非它們有分身？

還是老公發現癥結所在，原來蟲子通過冷氣機的排氣孔進到屋內。於是我們關上冷氣，再用膠帶把所有的通道全部封死，這才阻止勢態進一步惡化下去，可是接下來就難受了。

"我好熱呀！"我說。

"要嘛熱死，要嘛被蟲子煩死，二選一。"老公答。

我選擇前者，因為那些蟲子讓我頭皮發麻兼起雞皮疙瘩，想起來就作嘔（經此事後，我們買來電風扇，以應未來的蟲禍再起）。

後來我上網一查，得知此蟲正是大名鼎鼎的蜉蝣，常在溪流、灘湖附近活動，對水質的要求很高，所以常用於檢測水域的類型和汙染程度（換言之，我住的地方水質很好）。據說每當春夏之交的傍晚至夜間，正是蜉蝣進行"婚飛"的時刻，交配過後，雌蟲將卵產於水中，其幼蟲可在水下生長2～3年，但成為亞成體後，只需兩天就能化為成蟲。成蟲的壽命很短，幾小時就會自然死亡，故《毛傳》有云："蜉蝣，渠略也，朝生夕死。"，而《詩•曹風•蜉蝣》則把這種蟲子形容得很美，譬如"蜉蝣之羽，衣裳楚楚。"。

知道這種可怕的蟲子正是如雷貫耳的蜉蝣後，我的內心五味雜陳，因為這充滿悲劇色彩的蟲子原本在我心中的形象相當夢幻，如今夢碎了，只剩一地的殘肢敗體，怎不煞風景？

話說回來，有了前車之鑑，後來我們再親臨"大型交配"現場時，就沒那麼手忙腳亂了，好比進屋後先不開燈，等所有的"出入口"都被堵得死死的且工具準備齊全後才大開殺戒。

住在六樓的我們尚且如此悽慘,那就別提一樓了,這也是我們決定以後不買別墅的部分原因,除了蚊蟲多這個硬傷外,聽說偶爾還會有蛇光顧,還是以一種出其不意的方式出現,譬如與人共枕或者從糞坑裡爬出來,然後朝雪白的屁股咬上一口等。

有關蟲子的過往事蹟,我就談到這裡,現在談點兒近期的。前幾天,我和老公跑到芭提雅南部的海邊吃意大利餐,老公點的是意麵,我則點泰餐(別問我為什麼到意大利餐廳點泰餐?該質疑的是為什麼意大利餐廳提供泰餐?既然提供了,我點又有何不可?)。正當我們大快朵頤之時,一隻大黃蜂不請自來,在空中盤旋數圈後,落在我們的桌子上。

印象中,大黃蜂的攻擊性很強,被蜇的下場很可怕,於是我邊喊"有大黃蜂!"邊做出逃跑的預備動作。哪知老公氣定神閒地抽出餐巾紙扣在大黃蜂身上,一壓一擠,再將紙揉成團置於桌面的一角,整個過程行雲流水,我看得目瞪口呆。

"你不怕被咬?"我問老公。

"問題是它咬我了嗎?沒有,對不對?"他答。

我一時迷糊，沒被咬是幸運，不代表可以一點兒防備心也無，不是嗎？

我們繼續吃著，不到五分鐘，大黃蜂又出現在桌子上。我的第一感覺便是方才的大黃蜂沒死，它從揉成團的餐巾紙裡掙扎著爬出來。

"有大黃蜂！"我尖叫，並且又做出逃跑的預備動作。

哪知老公二度抽出餐巾紙扣在大黃蜂身上，一壓一擠，再將紙揉成團置於桌面的一角（現在桌上有兩個紙團了），整個動作一氣呵成，我看得張口結舌。

等我回過神來，終於找到爆發的點。

"都是你！"我怒目相視，"誰讓你沒打死，它又爬出來了。"

"這分明就是不同的兩隻，不信我打開餐巾紙讓妳瞧。"他答。

我立馬拒絕。

用餐繼續進行著，接著恐怖的一幕發生了——我點的包菜裡有隻蟲，而且看起來似曾相識，分明就是一隻黃蜂寶寶。

我叫來服務員，服務員盯著那隻蟲好幾秒鐘，最後問："再炒盤新的給妳，可好？"

老實說,三隻黃蜂的出現讓我食慾大減,但若回答退錢,恐怕會被誤會惡意逃單,於是我點頭同意了。結果等我快把第二盤包菜吃完時,菜裡赫然出現一枚黑色翅膀。

"這不是大黃蜂的翅膀,應該是其他昆蟲留下的。"老公鑑定後答。

老天!現在是糾結何種昆蟲的時候嗎?我的疑問是翅膀在此,那蟲呢?蟲到哪裡去了?

雖然我不願對號入座,但明擺著的事實是——蟲子極可能已被我囫圇吞下肚裡去了。

"妳可別跟餐廳爭論哈!"老公警告我,"一來沒有證據證明妳已吃下蟲子;二來泰國本來就有吃蟲子的習慣,估計他們也不覺得有任何不妥。"

這讓我想起剛才服務員的反應,當我告訴她盤子裡有蟲時,她盯著蟲子看,那表情像是說:"這不挺自然的?何況還能補充蛋白質呢!"

好不容易吃完這"驚心動魄"的一餐,我們沿著海灘漫步,準備享受愜意時光,無奈太陽實在太熱情,才一會兒的工夫,我倆便大汗淋漓。

"不行,我得喝杯涼的。"老公說。

於是我們在本地人開的雜貨店裡買了飲料和冰淇淋，換來能坐在店內看大海的權利。

就在我們邊看海邊享用"下午茶"之際，一名東德女人（她自稱瑞士人，但老公後來跟我說此人是德國人，還是東德，聽口音就知道了）走過來問老公是哪裡人？老公答完後，她轉頭又問我同樣的問題。

"臺灣，"我答，"妳知道臺灣嗎？"

"我當然知道，電視新聞上說某人想打臺灣，就是那個臺灣，對不對？"

我一時語塞，只能苦笑以對。

等我們離開座位時，那個東德女人還杵在店門口跟店主的女兒聊個沒完，看我們走過來，她指著女孩的手機架要我看。

那是個很特別的手機架，藍色小蛇的造型，手機可以掛在蛇尾巴處，我露出無比驚訝的表情。

那個東德女人見狀，樂不可支，因為達到她想要的效果。

走出店外，老公問我為何表情如此誇張？不過是個手機架而已。

"我不是驚訝手機架，而是放手機架的桌面上有好幾隻小蟑螂在爬。"我答。

現在換老公露出驚愕的表情,那樣子像目睹了一條真正的藍色小蛇……

18、我的夢中情屋

當我和老公談戀愛時,他曾說他父母的家出現在當地的明信片上,後來在一個偶然的機會下,我還看到了那張明信片。該怎麼說呢?由於角度拍攝的問題,那棟屋子感覺像散落在山下,前面還有個湖。

來英國後,我才發現公婆的房子前面不是湖,而是海(還是前無遮擋、一望無際的大海),不過美則美矣,但"只可遠觀,不可褻玩焉",因為英國位處高緯度,站在海邊只需幾分鐘就能成為美麗"凍"人,這實在不是一件浪漫唯美之事。

幾年過後,老公告訴我——他父母把海邊的房賣了,買了個農場。

我後來將此事告訴同事，同事問我："妳公婆把房賣了，有沒有跟你們商量？"

"他們把房賣了，為什麼要跟我們商量？"我反問。

同事欲言又止，最後把話吞下。

其實我大概知道答案（只是以為同事會給出不一樣的，所以好奇一問），原因就在於中國親屬間的界限模糊，父母過多干預孩子的大小事，而孩子也認定父母的財產將來會留給自己，所以一旦有大動作發生（譬如賣房），孩子往往會有意見；反觀西方，父母和孩子的邊界相對清晰，等孩子成年後，更是涇渭分明，這倒不是說父母往生後不會給孩子留下些什麼，而是如果給了，那就心存感激；若不給，那也挺正常的。簡言之，我不會（也無權）干涉英國公婆怎麼支配他們的財產，就像他們從來不過問我們的經濟狀況一樣。

撇開房子將來的歸屬問題，公婆的房（不論海邊別墅還是農場小屋）皆不是我的夢中情屋，一來英國太冷了，氣候首先就不合適；二來房屋的軟裝偏英式，包括暗沉的傢俱、厚重的地毯、小碎花、蕾絲……等，這些都不是我喜歡的元素。

爾後，我們在新西蘭、澳大利亞、上海、珠海、芭提雅等，都分別買了房，老實說，買的也不是我的夢中情屋，這當然有其背景因素，譬如當時的負擔能力、買下後容不容易脫手和租金回報等問題，也就是說這是無奈之下所做出的選擇。

其實真正的夢中情屋就不應該談錢（只談合不合心意），真要談錢，也"應該"超出自己的能力範圍，如果一蹴可幾，那就不算"夢"中情屋了。換言之，我的夢中情屋是建立在"現在買不起，以後也許買得起"的基礎上，而根據這個基礎，我竟然在離我現在住的地方不遠處找到了。

說起這個夢中情屋，還真是誤打誤撞碰上的。話說疫情期間我們"有幸"滯留在泰國，住的還是自己的房，那真是美滋滋的，一到傍晚時分，我會獨自在公寓附近散步，而到處遛達的結果便是意外發現二巷中段有一棟簡潔、明亮的大別墅，顏色以黑白為主（搭配少許的深褐色），顯得相當有格調。

我徘徊又徘徊，可惜圍牆太高了，除了二樓以上，其餘皆看不到。

"這棟別墅很接近我的夢中情屋，如果能看到細節就好了。"我心想。

後來的日子裡，我每天都會上二巷轉轉，順便碰碰運氣，結果還真被我給碰上了。那天，我還沒走近"夢中情屋"就聽到裡面傳來孩子們戲水的聲音，我因此得知此屋還附帶游泳池。沒多久，一對泰國男女（應該是此屋的傭人）騎著摩托車停在別墅車庫前，往對講機說了一串話後，門開了，我也得以窺見裡面的模樣。原來別墅由主屋和次屋構成，中間以停車場（又兼作籃球場）隔開，右手邊的兩層樓是主屋，呈L型，凹進去的地方做了約10米長的泳池；左手邊的次屋也是兩層樓，但只有方方正正的一棟，上層是健身房（安的是深色玻璃，但依稀能分辨裡面的健身器材），下層應該是普通住房。整棟別墅（主屋+次屋）的最大亮點是窗戶多，還是大片玻璃，估計把所有的窗戶都打開，不開冷氣也是可以的。

回家後，我立刻把這棟夢中情屋的優點全告訴老公，包括窗戶多，不開空調可以省電費，加上斜屋頂上又安裝了太陽能板，所以連照明、洗澡、做飯……等的電費也一併省了。

"我們家缺的是電費嗎？我們家缺的是買別墅的錢啊！"老公說。

這樣的別墅，我估計售價不低於四千萬泰銖（也就是八百萬元人民幣往上），對於兩名即將退休的人士來說，買下後就只能吃土了。

雖然"再一次"與夢中情屋失之交臂，但不妨礙我繼續瞻仰它的神采，可是這次赴泰開啟養老生活，我卻被兩隻流浪犬給堵在二巷尾，原因是小黃和小黑不允許我家泰迪進入它倆的領地。

這的確令人失望，不過我也只是失望幾天而已，因為我家前面這條巷子的中段有塊土地準備出售，地主叫來堆土機，只半天的工夫就把小樹林給剷平了，我因而又見到魂牽夢縈的"它"。

"那就是我的夢中情屋，"我對泰迪說，"漂亮吧？！"

我家狗子汪汪兩聲，似乎同意我的說法。

於是我又上演天天瞻仰夢中情屋的戲碼，那是一種相當奇特的感覺，明明不屬於我，我卻為它做了好些美夢，譬如我要睡在朝東的房間裡，每天清晨都能擁抱陽光；兒子是健身狂魔，健身房留給他正好；將來孫子女（如果有的話）來訪，游泳池可以給他們玩水……等。

其實我也清楚房子只有在夢中最美，因為不用面對現實生活中所產生的各類問題，像是蚊蟲叮咬、難打掃、持有成本高……等，所以在夢裡"意淫"才是最好的結局。

（註：意淫的原意指的是通過想像達到對某種現實需求的滿足，從而產生愉悅感。）

您有"夢中"情屋嗎？希望它也能讓您產生愉悅感，因為這才是它存在的意義和價值，就好比"星星是窮人的鑽石"一樣。

19、貓和老鼠

我們這棟樓住著很多俄羅斯人，"眼熟"了之後，我發現了一個奇怪的現象——年輕的俄羅斯人普遍纖瘦（就是那種骨瘦如柴的瘦），但年長者就不一樣了，好像充了氣似的，身上自帶兩個游泳圈，一個在胸脯的位置，另一個在肚腩。

當我以為這就是俄羅斯定律（或者詛咒）時，一對男女打破了這條金規鐵律（明明已到了該長胖的年紀，卻仍像走紅毯的明星，不僅顏質高，身材還一級棒，簡直非人類），而最難能可貴的是他倆雖得天獨厚，卻一點兒也不高傲，見到我總是問早道好，連我家的狗也不放過。

"看來妳和狗都交到朋友了。"老公見狀，遂說。

其實也沒有，不過是點頭之交而已。

有一天，我外出遛狗，恰逢這對男女也牽狗出來，這下子我終於明白他倆為何也對我的狗 nice 了。

都說狗的個性隨主人，這對男女養的博美犬正是，而且似乎"青出於藍而勝於藍"，因為後來的幾次"不得不近距離嘮嗑"都是他家的狗牽的線。一來二去，我對"狗主人"有了概括的認識。

首先，這是一對夫妻，而不是男女朋友關係，至於差別……對我來說沒差別，但對比較保守的人來說可能有差別（還沒結婚，怎麼可以住在一塊兒？簡直傷風敗俗！）；其次，從真正意義上來講，他倆並不是俄羅斯人，但因為我聽不明白他們的國家名（不排除很久以前曾隸屬於俄羅斯，因為他們也會說俄語），為了牽就我，只能以俄羅斯人自居。

既然對方介紹了自己的國家，我也不遑多讓，一開始就言明自己不是泰國人。

"妳不是泰國人？" 女的有些訝異，"可是……"

"我知道我長得像泰國人，但我不是。"

"那妳來自哪裡？"

我躊躇了一下，最後答Taiwan。

"Thailand？"她露出迷惑的表情問。

"不，是Taiwan，不是Thailand。"

她思考了一下，接著恍然大悟地說："噢！我知道了，靠近日本的那一個，對不對？"

呃！與其說靠近日本，其實更靠近中國，這麼一解釋，她又迷糊了。

"那妳說什麼語言？"她問（顯然想從語言找答案）。

"普通話。"我答。

"臺灣人會說普通話？哇！妳好厲害。"

我的額頭頓時出現川字，這也太尷尬了！而尷尬之餘，我也有些納悶，因為我回答的是Mandarin（普通話），而非更普遍的說法Chinese（中文），她又是如何知道的？

答案在接下來的對話中揭曉，原來她曾在廣州和成都工作過，是一名舞者兼DJ。

"妳的身材的確像舞者，"我說，"但氣質更像大學老師，尤其妳的英語還這麼流利。"

哪知她立即否認，同時解釋她的學歷一般，不足以當大學老師，至於英語……她從未經過正統的學習，而是跟著孩子們學的。

哇！自學也能學到這種程度，我甘拜下風。

讀到這裡，看倌們可能很好奇為什麼這篇的篇名叫《貓和老鼠》，別心急，且聽我道來……

話說又過了一陣子，當我又外出遛狗時，一個白色的影子忽然衝了過來，親暱地與我家泰迪玩親親。

"Honey，%&¥@%……"

白色博美犬一聽，立即跑回去挨訓，樣子頗為可憐。

我牽著我家泰迪走過去，說："Honey有個好老師。"

"我不在乎Honey跟別的狗打招呼，"她解釋，"但這個得教育，否則車來車往，很容易出車禍。"

我完全同意她的說法，同時也確認了她家的狗真的叫Honey（甜心）。

針對狗名，她進一步做出說明，原來在她的國家，狗販子會先給幼犬取單個英文字母的名字，譬如她剛買下博美犬時，它叫H，加上又是個母的，所以她取了Honey這個名字。

這喚醒我的好奇心，既然狗叫Honey，那麼她老公喊她什麼？

"哈哈哈……"她樂不可支，"他叫我老鼠。"

我瞪大眼睛，竟然有人如此稱呼自己的老婆？簡直罪無可赦！

"老鼠"女士聽完後，趕緊替自己的老公喊冤，原來在他們的國家，戀人之間通常以動物作為暱稱，譬如馬、鹿、熊……等等。

"既然這樣，妳稱妳老公什麼？"我又問。

"貓。"她答。

我又瞪大眼睛，貓不是吃老鼠嗎？這對夫妻的腦路可真神奇！

"如果非得以貓、鼠互稱，"我說，"我認為女的應該叫貓，男的叫老鼠。"

"為什麼？"她問。

我答因為貓給人陰柔的感覺，老鼠則差多了，好比獐頭鼠目、狐鼠之徒、抱頭鼠竄、賊眉鼠眼……等（這些不好翻譯，我統一稱為"以鼠之名，形容小人、狼狽不堪或醜陋的樣子"）。

她聽完哈哈大笑，說我真有趣！

又又過了一陣子，我又又外出遛狗，碰巧看到"老鼠"女士和"貓"先生站在樓底下，還沒等我開口問，"老鼠"女士主動表示房東漲房租了，從每月9000泰銖漲到15000泰銖，所以他們打算搬家，目前正等仲介帶他們去看房（看的是鄰近這棟）。

"你們想看的這棟都是大平數的。"我說。

"我知道，但如果同樣的租金能租大一點兒也好 。"

"仲介沒跟你們說租金多少錢嗎？"

"他說看過房子後再談這個問題。"

我欲言又止，最後還是把話吞下（上個月，有一位租客正從那棟樓搬到我們這棟樓，想來也是漲租金之故，如今他倆反著來，我認為結果可能不太妙）。

"祝你們看房順利哈！"我說。

"謝謝！"他倆異口同聲地答。

然後我牽著狗，往7-11的方向走去......

20、泰國人最愛歐美人嗎？

網上說泰國人最愛歐美人,次愛日韓人,至於中國人......那就像看到大肥羊一樣。

事實果真如此嗎?

在表達我的淺見之前,我先說點兒題外話,今天我牽狗下樓,一位印度鄰居走在我前面,當他推開大門後,並沒有扶著門,害我差點兒被門打到。如果換成一個歐美人,十之八九不會如此"無禮",但我並沒有生氣,因為我知道這是一個人的生活習慣使然,未必有意"無禮",而我之所以有如此深刻的體會,乃因我也曾被當作"無禮"之人。

話說當年移民新西蘭之後,我著實被這個截然不同的生活圈給嚴刑拷打,不扶門便是其中一項，可笑的是即使有人衝著我喊："Excuse me，you're so rude."（妳很粗魯），我仍不明所以，單純地以為自己被區別對待，直到過了一段時間後才明白癥結所在。

我生長的環境沒有扶門的習慣，我也不認為這很重要，但對某些國家來說卻是無法容忍。

再舉一個例子，兒子14歲時到英國讀寄宿學校，暑假回上海與我們團聚，吃飯時，盤子裡只剩一個春捲，他逐一問過我們要不要吃？得到否定的答案後，他才夾起來吃。

"這是不是學校教的？"我問。

"當然，妳沒教，害我在學校出糗了。"他答。

後來發現由於我沒教的事情太多，導致他對我的信任度大幅降低。

因為曾有過這樣的經歷，所以我認為泰國人未必崇拜白皮膚，而是歐美人士集體表現出來的狀態很合泰國人的脾胃，當然受歡迎。

舉個反面的例子，上個月，我和老公到中天海灘的日本拉麵店解決午餐，一個白種人走了進來，就坐在我們的隔壁桌。服務員遞上菜單後，轉身忙別的去（正常情況下，客人總要花點兒時間才能決定吃什麼）。

"嘿！這是什麼？"那個洋人很大聲地喊。

服務員馬上跑過來，很熱心地解釋，等客人貌似都了解後，他才走開（事情發展到這裡，的確很符合網上說的——泰國人最愛歐美人）。

結果不到兩分鐘，那個洋人又大聲喊嘿（而不是輕聲喊"Excuse me"），這次服務員假裝沒聽見，直到又喊了好幾聲，這個服務員才慢吞吞地走過來，原來的熱情已經消失殆盡。

到了第三次喊嘿，不僅原來的那位耳背，其他的服務員也同時失聰，最後洋人只能怏怏離店。

待人走後，我對老公說："那個人好沒禮貌喔！"

"的確丟臉。"老公答。

看！沒禮貌的人到哪裡都不受歡迎，即使是白皮膚也一樣。

回到主題——泰國人是不是最愛歐美人？我這麼說吧！身為東南亞唯一沒有淪為殖民地的國家，泰國向來走的是"中立、騎牆、不好爭端、左右逢源"的路線，加上觀光旅遊業是這個國家的重中之重，所以我不認為他們會明顯偏向某國，而是試著將一碗水端平，從而達到不樹敵的目的。對於小國而言，這是明哲保身（作褒義詞用），也是一種大智慧。

21、誰來買單？

第一次和老公約會是在一家比薩店（相信我，三十年前能在臺灣的比薩店約會是很拉風的一件事），結賬時，我提出Go Dutch。之所以如此"豪爽"，乃因當時臺灣的外國影集多來自美國，而美國又特別崇尚明算賬，據說連父母與成年孩子之間也不例外，舉一反三的結果，我認定所有洋人皆如此。

"不，我來付。"他說。

"不，Go Dutch。"我答。

然後當時還是約會對象的老公便噤聲了。

買完單，我說我必須去回應大自然的呼喚（answer the call of nature，上廁所之意）。等我一起身，他說："錢在妳的包裡。"

"什麼錢?"我問。

"妳待會兒查包就知道了。"

到了洗手間,我拉開包包的拉鍊一看,幾張皺巴巴的紙鈔躺在裡面。

後來我發現腦海裡的美國印象並不能全應用在英國(雖然這兩國本是同根生),好比美國人比較話癆,英國人則相對嚴肅;美國的喜劇片偏向打鬧,英國的喜劇片講的是幽默......等。放在約會的買單問題上也一樣,三十年前的美國男人或許已經開始要求約會對象各付各的,但至少當時的英國男人還流行替女性買單,甚至還會替女性拉開座位,盡顯所謂的紳士風度,現在則不好說了。

(註:Go Dutch是各付各的,AA制是平攤費用,兩者不盡相同。)

"妳和男朋友出去,誰買單?"我問住在英國的女兒。

"平攤費用。"她答。

"他沒說他付?"

"說了呀!可是我不要,我自己有錢,為什麼要他付?我才不是那種女人。"

"哪種女人?"

"愛佔人便宜的女人。"

我又把同樣的問題甩給住在英國的兒子。

"有時候平攤,有時候她買單。"他答。

"妳女朋友同意了?"

"她賺的比我多。"

"這樣不好吧?!"

"哪裡不好?"

"男生應該買單才對。"

"如果每次都由我買單,我早破產了。"

說的也是,英國的工資雖高,但消費也貴,出去吃個炒麵,起碼十英鎊。換言之,如果次次約會都由某一方支付,這將會是一筆不小的開支。

回來講我和老公,誰能想到婚前急於買單的人,婚後卻當起甩手掌櫃,理由是錢都在我這裡,他身上一塊錢也沒有。

"這樣好了,我給你錢,你去買單。"我說。

"為什麼?"老公問。

"由女生買單好奇怪!"

試過幾次後,我感覺意義不大,因為買完單,老公直接把零錢交給我(他向來只攜帶手機和車鑰匙，連個錢包也沒有），明眼人一看，還是我買的單，何況有幾次找回來的錢數對不上，兩人免不了又起爭執，可說是得不償失。

來泰後，雖然目睹過很多奇葩事，但第一次見識到由買單問題所引發的奇葩現象居然不是泰國人，而是一對俄羅斯祖孫，且聽我道來……

那天在7-11裡，我選好東西去結賬，排我前面的是一名俄羅斯奶奶，她探頭探腦的，似乎在尋找某人。等輪到她時，一名小夥子以迅雷不及掩耳的速度插隊進來，很容易讓人以為這兩人是一塊兒結賬的。果不其然，收銀員刷完奶奶買的飲用水，緊接著刷小夥子的零食，然後報出一個價格。

"水不是我的。"小夥子理直氣壯地說。

奶奶和收銀員同時怔住了，於是小夥子進一步做出說明："她是我奶奶，她想買水得自己掏錢。"

不解釋則已，一解釋更加令人氣憤，一瓶水而已，至於嗎？而我是氣上加氣，既然分得那麼清楚，那就是不同的兩個單，這讓"插隊"失去正當性，簡直不尊重排在後面的我！

至於泰國人約會的買單問題，依據我的觀察，雖然這是一個女多男少且男女比例嚴重失調的國家，但泰國女孩並不會因為"競爭激烈"而"降低期待"，所以約會男女十之八九還是由男性買單，就別說"假日夫妻"了，肯定也是男的付費，我把這個現象告訴老公。

"妳為什麼糾結這個？"他問。

"因為每次都是我買單，別人會以為我倒貼。"我答。

"妳怎麼不想想自己是富婆，還包養了個洋人？"他說。

"富婆肯定包養小奶狗，怎會包養老頭？"

"那麼就這麼想——妳請包養對象的爸爸吃飯。"

老天！誰會這麼百轉千回地胡思亂想（還想得這麼離譜）？

您若問我兜兜轉轉後，現在由誰買單？當然還是我，對於能接受兩位數誤差的老公而言（如果少收，就權當給了小費），我可捨不得拿錢大方！

22、蛇的二三事

動物當中,蛇絕對能上我的厭惡排行榜,它們不僅看起來陰險,皮膚上的花紋也讓我起雞皮疙瘩(搞不懂為什麼有人會喜歡蛇皮製品?)。誰能想到像我如此厭蛇之人,小時候居然還吃過蛇肉,且聽我道來⋯⋯

在那個不富裕的年代,吃蛇肉並不便宜,當然得有個充分的理由,那就是我的雙腿長滿膿瘡,而之所以長膿瘡,乃因我是招蚊體質,滿腿的蚊子包被自己抓破後,由於沒做適當的處理,成了潰爛狀,樣子很慘不忍睹。

我的父母並不清楚個中緣由,只當是某種皮膚病,一聽說吃蛇肉有效(我猜這與蛇皮的光滑平整脫不了干係),立即央求鄰居帶我去吃。

雖然已提前被告知要去吃蛇肉，我的內心也很抗拒，但切成段的蛇肉根本看不出它原來猙獰且可怕的外表，加上香味撲鼻，吃起來很像魚肉（也有人說像雞肉），我甚至一度以為自己被捉弄，其實吃的不是蛇肉，而是某種魚類。

雖然蛇肉不難吃，甚至說得上好吃，但這並沒有改變我對它的厭惡。

來泰國養老後，在對蛇厭惡的基礎上，又加了恐懼，原因出在泰國以蛇多聞名，有句話"泰國不是捅了蛇窩，而是就在蛇窩裡"，由此可見一斑。雪上加霜的是，一條可怕的視頻不巧被我看到（大蟒蛇從泰國某個人家的馬桶裡爬出來），害我好幾天都不能安心上廁所。

其實泰國的"蛇災"其來有自，甚至可以說佔盡了"天時地利人和"，以下分別述之：

1、天時

泰國的雨水集中在每年的6～10月，如果雨季的雨水過於旺盛，從而淹沒蛇的棲息地，蛇便會"被迫"闖入居民區，給居民帶來困擾。

. . .

2、地利

泰國的河網密佈，草木茂盛，成了蛇類的完美棲息地。

3、人和

泰國人不吃蛇肉，加上人們不會隨意傷害小動物（這些都是蛇的食物），導致蛇的數量進一步增加。

如果蛇多算是缺點，依據"有弊必有利"的原則，其利處便是老鼠因此減少（被蛇吃了），同時以蛇為對象的產業也應運而生，譬如職業捉蛇人、蛇園、蛇酒、毒蛇研究中心……等。

雖然這個國家到處都有蛇的傳說，但落在現實生活中，我也只是偶爾在路旁發現蛇蛻皮後所留下的老皮。

有句話"常在河邊走，哪能不濕鞋？"，應用在蛇多的泰國上就成了"常在蛇窩裡，哪能不見蛇？"，果然這一天遛狗時就讓我碰上了——我家狗子不知怎的，總想往草叢裡鑽，皆被我強行拉回，後來我隱約看到草叢裡有一根粗繩，定眼一看，乖乖，這哪是繩子？分明就是一條紅白黑相間的活蛇！

逃回家後，我立即有寫大字報（提醒鄰居小心蛇出沒）的衝動。

"別大驚小怪了，蛇在這裡就像家禽家畜一樣的存在。"老公對我說。

待我冷靜下來，發現老公說的不無道理，這附近最不缺的就是草，草多自然藏蛇的機率就高，一條尚能小心，蛇多就不愁了，而幾天後發生的一件事則讓我更加堅信這種想法。

話說天黑後，我家前面的這條巷子除了昏黃的路燈外，大部分處於漆黑狀態，所以天亮後若發現路上有被車輛輾壓的小動物屍體（譬如青蛙、蜥蜴等），也就不足為奇了。然而這一天還是有些離奇，因為我居然發現一條"完整"的蛇屍，它的身體像紙片一樣薄，蛇頭處有血跡，蒼蠅和螞蟻正勤勉地做著清道夫的工作……

見此情景，我的胃開始翻騰，就差嘔吐。

又過了幾天，我路經"車禍"現場，結果蛇頭不見了，只剩一個透明塑料狀的殼，這和之前所發現的一模一樣（我以為那是蛇蛻皮後所留下的老皮）。

敢情那一件件"老皮"其實都是一樁樁的死亡事故？果真如此，豈不證明我和鄰居們"真的"處在蛇窩裡？想想就不寒而慄呀！

23、同胞最坑同胞？

所謂"害人之心不可有，防人之心不可無"，出門在外，再怎麼小心也不為過，不過凡事都有個度，過了絕非好事。

心理學上有個名詞叫"受害人情結"（簡單地說就是自己對他人總是心存疑慮、甚至覺得有人想要加害自己），以前我在澳大利亞時就曾遇到過有此情結的人，如今到了泰國又遇上，有了"前車之鑑"，我看得挺開的，甚至產生研究的想法（研究為何會有此心理現象？）。

先來說說澳大利亞的那位鄰居，我們兩家緊挨著，一開始她根本不願搭理我，直到發現我家孩子跟她家孩子在同一所學校就讀，這才主動靠過來，不過這不代表她已經放下戒心，譬如來我家，她從不吃我準備的食物，連水也自帶。有一次，我給孩子們拍照，她緊張死了，非盯著我把她家孩子的照片一一刪除後才肯罷休。

不止她本人草木皆兵，她的家人也是，來訪期間，我連她家來了幾個人都不清楚，唯一的一次目睹還把我嚇得半死——一隻眼睛從打開的百葉窗縫隙裡露了出來……

回到芭提雅這位，一開始是兩家狗子牽的線。

"妳給妳家的狗染髮嗎？"我用英文問，因為她家白狗的耳朵是黃色的。

"嗯！"

"妳是泰國人嗎？"

（註：她戴著口罩，所以不好分辨。）

"不是。"

"哪裡？"

"中國。"

此時我們才改用普通話交流，從談話中，我能感覺到她漸漸放鬆下來，而且越講越起勁，包括她家的狗為什麼染髮、拿的是什麼簽證、去過哪些國家……等等。好幾次我想牽狗走動一下（我是招蚊體質，此時的我已被蚊子咬了好幾個包），但都被她另起的話題給一一留住。

"妳從大麻種植者的手裡買下房子,那他一定很有錢囉!"我問。

"當然,前屋主其實也不是誠心賣,所以一點價都不讓,很多人都說我買貴了。"她答。

回家後,我告訴老公認識了一位新鄰居,還是中國來的,大概平時找不到人說話,所以話匣子一打開就停不下來……

幾天後的黃昏,我下樓丟垃圾,結果丟完垃圾一轉身,發現流浪狗小黃趴在正前方約一百米處,而我的中國"老鄉"則站在右前方約五十米處不動,懷裡抱著狗。

我以為她懼怕流浪狗,所以對她說:"那隻狗挺兇的,妳還是從大門進去吧!"

"我不回家。"

一答完,她抱著狗走向停在巷尾的寶馬車,一名男士緊隨其後(我還想著要不要跟她的男人打聲招呼?結果人家愣是正眼都不瞧我一眼)。

又過了幾天,我又下樓丟垃圾,當看到她抱狗走出來時,我說了一句:"遛狗啊?!"

她嗯了一聲,快步走開。

如果第一次見面算得上熱情如火，那麼第二和第三次就是冷若冰霜，為什麼會這樣？我認為問題不是出在我身上，而是"受害人情結"在作祟，我甚至能勾勒出一幅畫面：女人回家告訴男人認識了一位新鄰居，臺灣來的。男人告誡她保持距離，因為在海外，會在背後捅刀的往往是自己的同胞……

老實說，遇上這類自我防備心極強且不介意表現無禮的人，我只能自認倒霉（雖不致於心靈受傷，但心情絕對美麗不起來）。

今天，我下樓遛狗，忽見俄羅斯鄰居彎腰拾起地上的雞蛋花，猛吸一口後，把花交給懷裡的娃，娃也有樣學樣，連吸好幾口花香……

" Good morning ."女人笑對我說。

" Good morning."我也報以微笑。

不知怎的，這幅畫面讓我感覺好溫馨，這才是打開一天的正確模式，什麼亂七八糟的提防與算計，就讓它隨風而去吧！

24、在泰國看牙醫

兩個禮拜前,我的電腦不打一聲招呼就掛了,而且"死狀甚慘",連修電腦的師傅都說不保證內存的東西皆能找回來。Anyway,買新電腦迫在眉睫,我和老公立即北上曼谷,因為芭提雅沒有蘋果店之故(很不可思議吧?但事實正是如此)。

到了下榻酒店,老公才發現他忘記帶電動牙刷,這也沒什麼,買個牙刷得了,但他竟然……

"你知道也有15泰銖一支的牙刷嗎?"我問。

"我知道,但那些是軟毛的,我需要硬毛的。"老公答。

花123泰銖買下一支"應急用"的牙刷,在我看來既奢侈也沒必要,問題是高價牙刷還把老公的陶瓷牙給"剝了一層皮"，以致還得上牙醫診所修復，那才糟心！

既然老公看牙醫勢在必行，我決定也順便洗個牙，同時把一直鬧心的牙洞給補上。

說起這個牙洞，還是在上海洗牙時所留下的後遺症。我攬鏡一照，洞很小，不仔細看的話，完全看不出來，但我的舌頭就是能感覺到，時不時去舔它，很是煩人，於是想藉機補上。

當我和老公來到牙醫診所預約時，我親耳聽到他說"我老婆也要看牙醫"，結果到了約定日的前一天，老公的手機傳來牙醫診所的短信通知，文末提到——請別忘了提醒您的女朋友一同赴約。

"你不是告訴前臺我是你老婆了嗎？"我問。

"大概那個女的不相信吧？！"老公答。

"不相信什麼？"

"不相信妳是我老婆。"

這年頭還有人會"騙"別人自己已婚（還是在這種無關緊要的小事上）嗎？實在太不可思議了！

轉眼到了看診這一天，由於我是第一次就診，得先填個問卷，但問卷上有一條很奇怪，以致我還要詢問老公。

"這是問妳在以往的醫療過程中有沒有出現過應激反應？"他說。

"什麼是應激反應？"

老公思考了一下，才答："我猜診所想知道妳會不會在治療的過程中突然心跳加速、血壓升高，甚至攻擊人。"

"攻擊人？"

"嗯！國外就曾發生患者打牙醫的事故。"

我認真想了一下，其實這道問題很有問題，曾經有應激反應不代表這次就一定會有，同理，以前沒有應激反應也不保證這次就絕對不會發生。

當我把這個想法告訴老公時，他說："這是妳該考慮的問題嗎？妳就根據以前的狀態作答，提醒妳——如果回答Yes，牙醫很可能會拒絕替妳治療。"

我後來還是勾選No，同時感覺有時腦子太過清醒也不是好事，這道問題若讓10個人來答，大概10個人都會勾選沒有應激反應（包括曾經打牙醫的那一位）。

填完問卷沒多久，老公就被叫進去，大約半小時後才出來，緊接著換我上場。

當我在治療椅上坐下後，護士指著一杯紅褐色的液體對我說："潤絲。"

我猜她把我看成了"自己人"，於是用英語告訴她——我不會說泰語。

護士愣了一下，再次指著杯子說"潤絲"。我靈光一閃，她說的可是"Rinse"（漱口）？

這實在太尷尬了，我趕緊照做。

等我漱口完畢躺下，牙醫問我："可令？"

"Sorry, I can't speak Thai language."我答。

牙醫又重複一遍"可令"，我又靈光一閃，他說的可是"Clean"（清洗）？

我連說三遍Yes，好掩飾內心的慌張。

好了，接下來終於可以洗牙了，護士替我的臉罩上一塊布，只留下口鼻處空著。

本來我以為那塊布是防止水濺到我臉上，後來發現這塊布的作用堪比盔甲，倘若沒這塊布，我的臉恐怕會留下大大小小的指甲印（不知為何，這位牙醫在操作時總將手指抵住我的臉，然後依據清洗的難易度和角度，決定不同的施壓方式和力度）。

好不容易洗完，臉上的布也撤去，接下來便是補牙。以前我也補過牙，痛是痛，還在忍受的範圍內，可是這次不一樣，尤其當材料被填入洞裡時，我痛得眼淚都出來了，趕緊伸手制止（嘴巴說不了話，只能靠手勢）。

"Hold on. Hold on." 牙醫說。

Hold on的意思是"堅持住"或"等一下"，不論哪個，我都有打人的衝動（我已經伸手示意我很痛，你好歹也暫停一會兒）。

事實證明，我的"潛在"應激反應最後還是被我給克制住，這位牙醫運氣好，僥倖逃過一劫。

走出診療室，我立馬將牙醫的"惡行"告訴老公。

"打麻藥了沒？"老公問。

老實說，我還真忘了有打麻藥這件事，大概牙洞太小，牙醫主動省去那個環節。

"沒。"我答。

"那妳還抱怨什麼？人家替妳省錢了。"

後來我的賬單送到，洗牙1200泰銖，補牙1000泰銖（沒有麻藥這一項），總共消費2200泰銖，折合人民幣約440元。

看在收費便宜的份上,我也只能把不滿吞下,這大概是平民百姓最真實的反應吧?!

25、到泰國養老真的比較LOW嗎？

今天，當我躺在床上刷手機時，室內光線一下子暗了下來，我往窗外一看，有一朵大烏雲壓頂。

我立馬跳下床，衝到陽臺看個仔細，還好，路是乾的。

"怕是快下雨了，"我對老公說，"我還是趕緊遛狗去！"

說完，我動作迅速地把家裡的兩袋垃圾紮好，接著拿出狗繩套狗（這得先有個儀式──邊撫摸狗子的同時，還得說些讚美它的好話。如果跳開此步驟，我家泰迪抵死不從）。

等套好狗繩，我右手牽著狗，左手拿著垃圾下樓去，結果一推開底樓大門就懵了，頓時有落入平行時空的感覺，因為天上的烏雲不見了，取代的是帶著白色棉花狀雲朵的藍色天空（參考宮崎駿動畫片裡的天空），而地是濕的。

"不會吧？！這麼快就下完了？"我心想。

從我發現烏雲，再到走出公寓樓，前後不超過十分鐘，這雨下得可真快！

說起芭提雅的天氣，雖然現在是雨季，但下雨的機率並不高，而且多集中在夜間，所以白天出行幾乎不受影響，甚至偶有被欺騙的感覺，好比明明是個大陰天，想著不用擦防曬油了，結果一眨眼的工夫，熱情如火的太陽又露臉，直接把我曬得全身冒煙。

有朋友問我為什麼要到泰國養老？不嫌熱嗎？

老實說，如果很熱和很冷只能選一樣，我會選擇很熱，因為天氣會嚴重影響我的心情。話說回來，選擇泰國養老並不全然為了天氣，最大的主因還是因為這裡的人，他們大多友善，也樂於助人，骨子裡還有少許的卑微感，這讓我的身心感到無比舒暢。

為什麼要提到"卑微感"？這是為了給接下來的內容做鋪墊。話說我曾長居過新西蘭和澳大利亞，這兩個都是先進國家，也就是所謂的"high"，我想沒人會反對吧？！那麼就讓我來談談那裡的人，撇開個別現象不提，一般白人的骨子裡其實是高傲的，而高傲需要一個參照物（如果把兩個高傲的人擺在一起，那就不顯高傲了）。也就是說，高傲的人必須在卑微的人面前才能顯現出來，那麼誰會是那個倒霉蛋？可想而知，沒有比低眉順眼的外來移民更加合適的了。

換言之，當年居住在新西蘭和澳大利亞的我並不感覺快樂，甚至說得上抑鬱，所以沒必要臨老又自投羅網。舉個例子，如果有兩雙鞋擺在我面前，年輕時的我大概會選擇漂亮的那一雙，即使不合腳也認了；如今的我年過半百，能不能光彩耀人已沒那麼重要，但必須保證我的雙腳不受累才行。同樣的道理，當我選擇養老地時，人均GDP高不高？科技發不發達？名校多不多？工作容不容易找？這些都不在我的考慮範圍內，我只想選個能讓我的情緒時刻保持穩定的地方度過下半輩子，那麼"low"點兒又何妨？何況某些人眼中的low卻是另一群人眼中的high，孰低孰高，還真不好說。

26、粉紅色詛咒

很久以前,我曾看過一部英國影集,內容講述三個男人在酒吧吐槽自己有多可憐,當最後一個男人說他太太把房間刷成粉紅色時,其他兩位皆同意他最可憐。

"這很可憐嗎?"我問一起看電視的老公。

"粉紅色哪!不可憐嗎?"老公反問。

"哪裡可憐了?"

"粉紅色是女生的顏色。"

這個"女生"聽起來像是必須劃清界限的對象。

因為此事,我開始留意起老公的個人物品,發現真的沒有粉紅色,甚至連紫色也沒有

（後來他說了，紫色也是女生的顏色，只是嚴重的程度比粉紅色輕一些）。

有一天，兒子就讀的小學舉辦騎自行車比賽。回家後，他迫不及待地告訴我——歐文騎他姐姐的粉紅色自行車參加比賽。

"所以呢？"我問。

"男生不可以騎粉紅色自行車。"兒子答。

"為什麼不行？"

"那是女生的顏色。"

因為此事，我開始留意起兒子的喜好，發現他真的不選任何帶粉紅色的東西，這還包括食物，譬如粉紅色冰淇淋、粉紅色馬卡龍、粉紅色甜甜圈......等。

"你是不是給兒子洗腦了？"我質問老公。

"這不需要洗腦，全天下的男人都知道。"

此回答難免武斷，因為不是所有男人都對粉紅色敬而遠之，好比我就曾在上海街頭看到男生替女朋友背包，背的還是香奈兒的粉紅色菱格鏈條包。

時光荏苒，歲月如梭，轉眼我和老公也到了退休的年紀，並且雙雙飛到泰國養老。起初，我們以每月2700泰銖的價格租下摩托車當作交通工具，半年過去後，意外發現買一輛全新且帶ABS功能的摩托車也就七萬多泰銖。換言之，買新車比租車划算，當然買車去。

當我們興沖沖地打車去提車時，結果被告知刷卡付費得多付3%，正犯難之際，前臺好心地借給我們一輛摩托車（售車處附近沒有提款機，要到一公里外才有）。

老公望著借來的摩托車發愣，像是遇到什麼棘手的問題。

"這是一輛粉紅色的摩托車。"我輕輕地說。

"我知道。"他答，"妳騎好不好？"

"不好。"

本來我們的計劃是騎租來的摩托車去提車，回程時，老公騎上新車，我騎舊車，如此一來便可省下打車費，但實際情況卻沒有如此美好，因為久不騎車的我，技術大為退步，為了珍惜自己和他人的生命，決定還是別上路。如今老公為了避開"粉紅色詛咒"，竟然有意將我往黃泉道上送，我當然舉雙手雙腳反對。

聽到我不願就範，老公哀嘆一聲，最後還是跨上粉紅色"怪物"（摩托車）去取款。

後來，我將此事告訴遠在英國的兒子，兒子答換作是他，他寧願多付3%。

"對呀！"老公嚷起來，"我怎麼沒想到？"

天哪！兩千多泰銖就想這麼扔進水裡去，看來粉紅色詛咒還真是個詛咒，而且貌似未来還會繼續下去（至少我家老爺子和少爺到現在都還沒從詛咒中解脫出來）。

27、不能在公共場所出現的私密行為

婚後,我發現有兩件事會讓老公嘖嘖稱奇,一是看到男人穿粉紅色的衣服或背粉紅色的包(還可以擴大到騎粉紅色的自行車或開粉紅色的汽車);二是見到有人穿著睡衣走在大街上。

在我看來,這兩件事都沒什麼大不了的,但老公卻接受不了,吃驚的表情像是看到有人用筷子吃意大利麵或在單行道上逆行。

前幾天,我和老公逛芭提雅的Central Festival商場,他忽然問我:"妳看那個人穿的是不是睡衣?"

我定眼一看,一個年輕女人穿著藏青色的上下兩件式薄款套裝(上衣是帶扣長袖,下身

是鬆緊長褲），冰絲面料，手裡拿著一個錢包，正在東張西望。

如果由我來判斷，應該是睡衣無疑，不過也難說，因為現在的某些服裝設計師腦洞大開，搞不好是我看不懂的時尚服裝也說不定。

等我們坐手扶梯上到上一層，我又看到三個女人穿著同款衣服（只是顏色和款式稍有不同），她們也在東張西望。

如果某個人心血來潮買下一款"看起來像睡衣"的時尚服裝，馬馬虎虎還說得過去，但四個女人同時買了，並在同一時間穿上，這就顯得太不正常了！

數小時過去後，我忽然靈光一閃，腦海裡自動還原事情的"真相"——這四個女人是一家人（或朋友），出遊住進商場樓上的五星級酒店。到了飯點，四人連睡衣都沒換，直接下樓找吃的，由於其中一人跟丟了，所以她們皆東張西望地尋人……

當我把這個推論告訴老公時，他問我為什麼中國人不介意穿睡衣走在公共場所？

（註：那四人看起來像中國人，加上我們曾在國內親眼目睹有人穿著睡衣上街，所以老公自然而然地把那四人歸為中國人。）

"睡衣也是衣服，"我答，"只要不是光著身子上街就行。"

"不行，睡衣是上床時穿的。"

我不苟同，反問難道只有跑步時才能穿運動衣？

"那不一樣。"老公答，"睡衣具私密性，像內衣褲一樣，妳看過有人只穿內衣、內褲就上街的嗎？不被當成精神病患才怪！"

我被當頭一棒，原來老外是這麼想的。

"還有什麼私密性行為被你們認為不能隨便在公共場所出現？"我不恥下問。

老公答補妝，他曾看到女孩子在大庭廣眾之下拿出粉餅或口紅補妝，這實在太奇怪了！如果非補不可，那也得到女性洗手間。

我再次被當頭一棒，原來老外是這麼想的。

"其實還有一樣。"老公又說。

"What？"

"打嗝兒，這個妳經常做。"

打嗝兒不挺正常的？哪裡私密了？再說也控制不住。

老公表示多練習幾次就控制得住，好比放屁。

"打嗝兒哪能跟放屁比？"我哈哈大笑，"放屁嚴重得多，好嗎？"

哪知老公正色地告訴我——打嗝兒和放屁屬於同一等級，如果隨意在公共場所打嗝兒，那跟放屁一樣，都會被認為素質低下。

我三度被當頭一棒，原來老外是這麼想的。

"你怎麼不早告訴人家？"我弱弱地說。

"早告訴過妳，可是妳不在乎。"

老公的確告訴過我，但我以為沒嚴重到"等同"放屁。

"我有沒有在你家人面前打嗝過？"我忽然想起，遂問。

"記不得了。"老公停頓了一下，"妳現在該擔心的不是過去，而是未來，尤其別在親家的面前打嗝兒。"

哇！說的也是，搞不好一雙兒女的好姻緣會被我的一聲burp給破壞掉。不過話說回來，我還真沒把握到時候能控制得住。

看倌們，你們能控制得住不打嗝嗎？

28、年老的跡象與醒悟

雖然我的年紀不小了,但心智一直停留在二十多歲,這也是為什麼幾年前當我寫下人生的第一部愛情小說《新西蘭之戀》時,會被誤會是作者的"自傳"(文中女主正值桃李年華)。不諱言地說,當年的我除了外貌上有些衰老跡象,整個精神狀態還是年輕的,好比看到雄性荷爾蒙爆棚的男性時,依舊會怦然心動。哪知短短幾年後就天差地別,身體機能快速下降不說,現在看到比我年紀小的男生就像看到兒孫輩,心湖再無一絲波瀾。

幾天前,我意外刷到一位醫學博士的視頻,她說維他命D能降低患上阿爾茲海默症的機率(科學理論就不提了)。我立即上藥房買去,因為我"百分之兩百"不想當痴呆老人,尤其在目前記憶力已大不如前的情況下。

說起我的記憶力減退，最遠可以追溯到新冠病毒肆虐時，感染後的頭兩天很難受，幾乎無法正常行走，但最痛苦的卻是後三天（我的腦部好似有人用針在刺）。康復之後，最明顯的後遺症便是記憶力減退，而且越來越糟糕，好比明明提醒自己洗完手就曬衣服，結果一轉身就幹別的去了，等想起來時，已是數小時以後的事。

除了忘事本領加速提升外，老花眼、頻尿和睡眠不佳也是問題。前三項我無能為力，但後一項卻是有辦法克服（只要勤於寫作，讓頭腦累到不行，一躺下就很容易入睡），比較麻煩的是夜裡頻尿，一個晚上總要爬起來數次，就算睡意再濃，也會因為頻繁被"打擾"而降低睡眠質量。

再講到寫作，以前的我下筆有如神助，現在則往往被卡在某個節點上，最後只能以"順藤摸瓜"的方式來攻克。舉個例子，昨天我寫文寫到早期的中國留學生，腦海裡立刻浮現出A的臉孔，她正是當年的小留學生之一，想著借鑑一下也好，可是我就是想不起來她的名字，倒是知道她的前夫是個有名的導演，可怕的是我連她前夫姓啥名啥也忘得一乾二淨，只記得他導過一部得到大獎的電影，叫⋯⋯叫⋯⋯完蛋了，連片名也跟著一起遺忘，還好"男主角是香港人，於某個愚人節跳樓自殺"倒是記住了。

於是我在電腦上打下"愚人節自殺"五個大字，張國榮的名字立即跳了出來，接著就是骨牌效應（謎團一個接一個地被解開），最終讓我找到A的大名……

瞧！這就是我目前的寫作狀態，得靠一些旁枝末節來喚起記憶，換作從前，這些步驟完全可以省去，也難怪當我聽說維他命D可以增強記憶力，並且避開阿爾茲海默症的魔咒時，會毫不猶豫地選擇先吃再說，完全不顧及其真實性。

對了，在刷到醫學博士的言論前，我還看過一部有關阿爾茲海默症的動畫片（這就是網絡大數據推薦系統的厲害之處，曾刷過什麼，就給您推送什麼），原來患者眼中的人物和物品形象是不全的，有的只剩概括的輪廓，甚至連顏色都沒有，難怪他們會認不出人來，或者誤把客廳當廁所……

一想到這些可怕的症狀也許有一天會降臨在自己身上，老實說，我連活下去的勇氣都沒有，寧願早早歸西。

毫無疑問，當親身經歷桑榆晚景、美人遲暮、盛年難再……時，任何人都免不了感傷，真要找到年華老去的優點，也不是沒有，在我看來，至少"自尋煩惱"的動力會削弱不少，一來記憶力減退，想煩惱也"忘記"該煩惱什麼；二來即使是新近發生的事，往往在作繭自縛之前，自己就先打退堂鼓，因為回想的過程挺累人的，與其"自我混亂"，倒不如放過自己和別人。

是的，打從身體開始出現年老跡象，我逐漸有了生命倒計時的醒悟，鑽牛角尖的現象減少了，同時越來越重視養生，因為惟有讓自己的身心都健康起來，才不會給家人添麻煩，這是長輩能帶給晚輩的最大福澤與體貼，您說是嗎？

29、母子間的微妙關係

今天早上遛狗時,我看見一對男女從我住的公寓樓裡走出來,兩人都身著白T恤,看樣子像是一對俄羅斯母子。

我很快將目光移開,轉而望向天上的雲朵發呆,等他們經過我身邊時,我才被兩隻緊握的手給吸引住,原來這不是一對母子,而是情侶,身上的白衣可作證(情侶裝)。

這個發現讓我想起許久以前發生的事,不過在描述這件事之前,我得先介紹一下相關的人物背景。話說那個原本在襁褓中哭哭啼啼的小男嬰,進入青春期後快速拔高,很快便高出我一個頭,而我最感驕傲的事便是勾住那男人的手臂,兩人像連體嬰似地一同壓馬路……沒錯,那個男人便是我兒子。

從我的角度看，母子感情好是一件很溫馨的事，但從旁人的角度看，那可就不一定了（我曾目睹一名年輕女孩以非常詫異的表情看著我們母子二人，而當時的我竟以為她是"羨慕嫉妒恨"）。

介紹完人物背景，現在回歸正題。幾年前，我和兒子一同飛到芭提雅收房，收房的前一晚當然得入住酒店，就在辦理入住手續時，前臺姑娘忽然離開崗位（連招呼都不打一聲），再出現時，一個看起來像是主管的人接替了原來的工作人員，開始查看我和兒子的護照，接著問起我倆的關係。

"He......"我看向兒子，笑了，"He's my son"

我之所以笑，乃因這是一道莫名奇妙的問題，當然是我兒子囉！不然會是誰？

後來我琢磨一下酒店的反常反應，赫然發現問題很大條。首先，我當時拿的是臺灣護照，而兒子拿的是英國護照；其次，我已年近五十，而兒子還是未成年人（雖然兒子的身高超過一米八，但護照上仍能看出年紀）；其三，兒子是混血兒，除了眼睛有點兒亞洲人的影子外，基本看不出與我有任何血緣關係。也就是說，不光是看起來"配不配"的問題，當中還涉及到是否犯法，試想一名中年婦女帶著未成年男孩入住酒店，還是在色情行業蓬勃發展的芭提雅，這事能不讓人浮想聯翩嗎？

事後回想，我倒沒有責怪酒店的意思，畢竟當時的情況的確很容易讓人起疑。

講到母子間的微妙關係，很多年前看過的一部韓國電影可說是極端的例子，不過倒也間接點出為什麼某些家庭會介意女兒嫁入"孤兒寡母"之家。容我先簡單介紹一下劇情：單親母親把獨子當成戀人般照顧，當得知兒子有了心怡對象，並且進一步攜手一生，這位母親陷入瘋狂的境地，三番五次地搞破壞，在失手殺死自己的兒子後，轉而將仇恨加在兒媳婦身上，同時展開復仇之路⋯⋯

我有一兒一女，恰好是回答這微妙關係的最佳人選。若問生兒和育女對一位母親來說有無差別？其實是有的，舉個例子，如果我的兒子和女兒分別交上男女朋友，針對兒子的女朋友，我多少會有爭寵的心理，好比兒子若先把橙汁給他女友，其次再給我，一種"不被愛了"的感覺會湧上心頭，我甚至都不想去碰那杯橙汁；倘若同樣的情形發生在女兒身上，雖然我也會有不舒服的感覺，但更多是因為這件事不合禮法（應該先給長輩才對）。

所以別再說生男生女都一樣（從心理學的角度，其實是不一樣的），也別再對"重男輕女"有太大的敵意，因為男孩除了養老送終的實質目的外，還包括情感寄託（他是家裡未來的頂樑柱，像擋風遮雨的大樹一樣），這很好地解釋為什麼當初埋怨父母（尤其是母親）重男輕女的女人，最後也"重男輕女"了。

當然，例外還是會有的，我只是從一個同時擁有兒子和女兒的母親角色來分析，看倌們隨意看看就好，別太較真了。

30、想要有個家

時序進入十月,樓下芬蘭人的交誼廳雖然仍大門緊閉,但室外的桌椅已經擺出來,我可以想像一群芬蘭人正忙著打包行李,然後陸續往芭提雅奔來,直接的證據便是樓裡的網速開始變慢了(從某方面來說,這並非好事)。

"昨天我看到一個從來沒見過的老奶奶,今天早上我則看到一個剛下出租車,後備箱有兩個大行李箱的老爺爺。"我對老公說。

"So?"

"我猜芬蘭人回來了。"

"妳不喜歡?"

前面的章節裡我曾經提到芬蘭鄰居，老實說，我還滿喜歡這群"社恐"族，除了動不動就對公眾事務罰款，讓人產生心理疲憊外，其他都挺好的……沒錯，我們的業主委員會又來罰款了，這次的矛頭指向無家可歸的拉布拉多犬，由於毛色是白的，我們估且就叫它小白吧！

說起附近的流浪犬，它們的地盤大致底定，好比二巷歸小黃和小黑，三巷歸小灰和小花（嚴格來說，小花的地盤屬於四巷，它只是偶爾來三巷巡視）。也就是說，這隻小白是憑空出現的，以致於一開始大家都以為是哪個粗心的業主把毛孩子遺忘在外，根本沒往"流浪犬"的方向想，尤其它的外表相當乾淨，而且貌似"家教"良好，既不亂叫，也沒隨地大小便。

等夜幕降臨後，事情才開始變得詭異起來，因為隔了那麼久的時間，再怎麼心大，狗主人也不可能沒發現家裡的愛犬不見了。

幾天過後，小白依然形單影隻，並且安然自若地在物業辦公室的入戶門墊上定居下來，事情終於明朗化——這是一隻如假包換的流浪犬。

我們這棟樓算是芭提雅少數幾棟允許養寵物的小區之一，換言之，愛寵人士不少，於是奇葩的事情發生了，好比物業辦公室的入戶門墊旁忽然多出一個黃色的、全新的狗床，還有還有，狗糧也出現了，這裡一堆，那裡一堆，像不要錢似的（這帶來了隱患，因為小白來不及吃完的，鴿子或其他鳥類便會自告奮勇"幫"它吃，於是鳥糞出現了，這裡一堆，那裡一堆）。

我心想物業肯定會做些什麼，果不其然，底樓的玻璃大門上很快貼出告示——請別餵養流浪犬。

通常這類告示很溫和，全憑住戶自覺，所以愛心人士繼續發揮愛的力量也就不足為奇，結果嚴厲的罰款來了，一罰就是2000泰銖。

雖然業主委員會是否具備罰款的權力頗有爭議，但終究攸關自己的錢包（萬一來真的怎麼辦？），所以對於小白的疼愛，肉眼可見地減少。

針對此變化，老實說，我還挺難受的，因為小白是我見過最懂得察言觀色且不吝伸出援手的好狗，且聽我道來……

第一次遇到小白時，它像個明星一樣，許多住戶圍著它，討論是誰家的狗走丟了。等流浪犬的身份一確定，加上罰款規定出籠，小白的光環迅速褪去，沒人再圍著它，所以當我牽著自家的狗走到大樓前面的廣場時，形單影隻的小白自然而然地靠過來。

"拜託，別過來。"我心中吶喊著。

結果小白彷彿有心電感應，立馬止步，並且往反方向走去。

實話說，我並不是什麼愛狗人士，養狗純粹是替女兒盡義務（她的興致一過，不想養了，我只能接手過來）。也就是說，我絕不能再對任何一隻狗產生感情，否則歷史將重演，而我真的不想再養狗了。

又過了幾天，我牽狗走過小白的家（物業辦公室的入戶門墊），它抬頭看了我和我家的狗一眼，很快又趴了下去。我正慶幸著，結果還沒走到三巷尾，流浪犬小黑便撲了過來，我立即拉狗往回跑。

"汪、汪汪汪……"小白快速離開它的安樂窩，衝著小黑狂吠。

原本還很囂張的小黑，氣焰瞬間被澆熄，接著夾起尾巴走了。

我回望小白，打算做點兒什麼表達感激之情（雖然我還沒想好做什麼），結果它默默走回自己的窩，一點兒都沒有邀功的意思。

"又又"過了幾天，我和老公騎著摩托車進入地下車庫，發現小白也在那裡，並且朝我們的方向走來。

"拜託，別過來。"我心中吶喊著。

結果它彷彿有心電感應，立馬止步，直到我們進入電梯等候區，它才又跟了過來，同時可憐巴巴地望著我們。

"它其實是隻好狗，應該有人收養它才是。"我對老公說。

"家裡已經有一隻了。"

"我知道。"我弱弱地答。

好在泰國是個佛教國家，對流浪犬一向寬容，甚至出臺一條看似不近人情的法律規定（虐狗罰四萬泰銖，同時入獄兩年），這至少保障了小白的狗身安全。

（註：為什麼說"不近人情"？因為泰國男人打老婆"只"罰6000泰銖，入獄六個月，如此看來，豈非"老婆不如狗"？不過根據泰國人的說法，被家暴的女人有許多渠道發聲和保護自己，但狗沒有，所以處罰有別。）

隨著冬天的腳步近了，我很自然地將希望放在來此避冬的芬蘭人身上，都說北歐人愛狗如命，如果他們當中有一人給"進退有度"的小白一個家，那就皆大歡喜了！

31、只挑一項說

今天早上遛狗時,我遇到一位老外和他的"假日老婆"(好吧!我承認他倆的關係是自己瞎猜的,不過也不是亂瞎猜,因為男的什麼都沒拿,大搖大擺地走在前面,女的則像個小媳婦兒似地跟在後頭,左手提著一袋豆漿,右手提著一袋油條)。

有那麼幾秒鐘,我有上前詢問豆漿油條是從哪裡買來的衝動,但最後還是被自己偶爾冒出來的社恐心理給阻止了。

既然話都說到這兒,我索性談談來到芭提雅養老後的感觸(那自然是數不勝數),如果只能挑一項說,我的答案便是——芭提雅好吃的中餐館太少了,那些想在海外餐飲業大展拳腳的中國老闆們,請來芭提雅,只要出品在水準之上,包管掙大錢。

既然說到芭提雅,我也順便談談普吉島、曼谷和清邁(這三個都是我曾經去過的城市),同樣只挑一項說,我的答案分別如下:

1、普吉島——空地太多了,那些花大錢買房的人恐怕……你懂的。

2、曼谷——房屋出租應該不愁找不到租客。

3、清邁——道路規劃和規定不合理,不出車禍者都是人才。

OK,以上是我的個人體會和淺見,倘若與您的看法相左,以您的答案為標準答案。

32、謎團

當我居住在上海時,曾有一個百思不得其解(至今仍沒想明白)的疑問,那就是上海人為什麼寧願問老外,也不問"看起來"更像是中國人的我?

事情的一開始源於我和兒子正吃著漢堡,一名年輕女孩走過來,用中式英語口音問兒子地鐵站在哪裡?兒子指了個方向,那女孩道謝後走了。

"她為什麼不問我?"我對兒子說。

"我也不知道。"他答。

這件事後來被我歸結於女孩想找個老外練習英語口語,而某天老公忽然提起的一件事更加坐實我的猜想。

"為什麼這裡的人都不給我練習說中國話的機會？"老公有些氣憤又有些不解地說。

經我詢問才知只要他上櫃臺點餐（好比麥當勞或肯德基），服務人員不問則已，一問，他便得快速做出回應，否則旁邊的人會主動當起翻譯人員，搞得他很鬱悶，因為他正想藉機練習他的中國話。

由此可證兩件事，一是上海人的英語水平高；二是上海人想幫助外國人的心彌足珍貴（不排除藉機練習英語口語）。

然而後來發生的一件事卻推翻了前面的假說，因為一位貌似農民工的人某天忽然擋住我和老公的去路，在看了我一眼後，轉頭用普通話問我老公："XX路在哪裡？"

待人走後，我很不可思議地對老公說："他怎麼問你不問我？"

"因為我長得帥呀！"他答。

在我做出快暈倒的動作後，老公正經地回答我，不過不回答還好，一回答我更加迷糊了（原以為問題出在我的長相太東南亞化，可是當他與他的中國同事走在一起時，也經常被選為諮詢的對象，可見我的長相不是根本原因）。

我以為這個奇怪的現象在我們離開中國後會跟著一起消失，哪知在清邁的JJ Market又再度發生。

" Could you please take a photo for us？" 一位中國人攔住老公問，背後站著的應該是他的家人。

我在風中凌亂，Excuse me，你看不到我嗎？與白皮膚的老外比，難道我不更像是同胞？

果不其然，被趕鴨子上架的老公拍完照就想快快走人，結果又被要求拍第二張。我心想若是換成我，肯定主動拍第二張（以防第一張拍壞了），順便還會提醒後排右二的女人把歪了的帽子扶正。

事後我將此事發在家族群裡，得到一雙兒女的共鳴，原來當年在中國時，上述之事皆曾發生在他們身上，他們也很納悶。

看來這個"謎團"不止我一個人有，我把它歸到待解檔案中，希望有朝一日能得到合理的解答。

33、泰國的物價低嗎？

2015年，我和朋友開啟泰國遊，當時的物價是真的便宜，加上1比5.5的匯率，總感覺身上的錢多得花不完，然而8年後，我已經說不出"低消費"的話來，拿芭提雅舉例，物價直逼國內一線城市，更別提首都曼谷了，跟上海有一拼。

幾個月前，我曾在網上看到這樣的言論——居住在美英澳加新的外國人未必是有錢人，但居住在泰國的外國人一定是，因為那些擠破頭到先進國家的人多半奔著找工作去，而在泰國，除非自己開公司或當仲介，否則工作難找（多半沒有），由此可證是有錢人。

以上言論其實半對半錯，泰國的工作難找是事實，但居住在泰國的非富外國人（陪讀家庭和養老族）居多也是事實。這不禁令人好奇，倘若沒有強大的經濟背景，要如何在異國做到不"坐吃山空"？

拿我本人做例子，當我和老公居住在上海時，每月的支出（無任何貸款，也不用付房租）約在人民幣一萬元；現在我們搬到芭提雅，每月的支出（依然無任何貸款，也不用付房租）約在人民幣九千元。雖然只是一千元的差距，但前者每月有固定工資，後者卻沒有，那麼我們又是如何解決"只出不進"的問題？

真相只有一個，那就是我和老公目前皆是數字遊民，雖然收入不穩定，但有總比沒有好，而我認識的人也多半靠著一根網線走天下（再不濟，還能拍視頻賺流量），真的一毛錢都沒進賬，靠著以前的存款就能在泰國安然躺平的估計很少，即使有，也是短期的。

回到主題，泰國的物價低嗎？與國內的一線城市比，我認為除了房價、房租、五星級酒店房費、飲料、甜品還能佔點兒"便宜"外，幾乎不相上下，水電費尤貴。

也許有人會說吃路邊攤貴不到哪裡去，問題是能天天吃路邊攤嗎？縱使能，那也得跟全天下的路邊攤比，如果真鐵了心非路邊攤不吃，那麼國內也能十塊錢搞定一餐，也就是說沒有可比性。

也許有人又會說泰國的窮人怎麼辦？如果物價真那麼高，他們豈非死路一條？有此疑問者恐怕不知道真正的泰國窮人是怎麼過的，我就曾看到光天化日之下，有人就著鐵桶內的儲水洗澡，至於怎麼洗？男人穿著四角平褲洗，女人則從腋下裹條長布洗。當然，泰國的窮人也並非完全沒有進賬（最起碼還能撿空瓶子換錢），加上公立醫院看病只要30泰銖，真餓到不行，還有寺廟管飯，意即想要在泰國餓死或病死（非老死），還真有難度，但試問這樣的生活又有多少人能忍受？

綜合以上，如果衝著泰國消費低，想來此度過餘生者，可以趁早打消主意，因為泰國物價真的不便宜，那些沒把握在國內一線城市存活下來的人，來泰國一樣被碾壓，甚至更慘。

34、別人的泰國養老生活

某天,我在國內的某個社交平臺上看到某人拍視頻呈現自己的在泰養老生活,立馬關注起來,因為我想看看別人的泰國養老生活和自己的有何不同,結果有些小失望,因為接連看了幾集,皆換湯不換藥,好比一天的序幕往往從打掃庭院、照顧花草開始,然後在小區內散步。散步完,回家吃點兒東西,接著在餐桌前說點兒人生感悟,完結。

這樣的生活對一向勞勞碌碌的人而言,也許是一種幸福,但對於已經宅在家裡宅出經驗的我來說,不啻是一種折磨,我甚至能預言此人離抑鬱不遠了(果不其然,在某次視頻中,她說出一些負面情緒的話來)。

曾有人做過實驗,把一群老鼠養在一個封閉的空間裡,提供充足的食物和飲水,簡言之，它們無需為了生存奔波勞累。經觀察，老鼠一開始還活力四射，生育率也有所提升，但時間一長，老鼠變得不愛社交，生育率也大幅降低，最後竟一隻都不剩，全滅絕了。

如果我說人生最佳的狀態是三分苦七分甜，也許有人會持不同的意見——十分甜不好嗎？富可敵國不香嗎？為所欲為不痛快嗎？

抱歉，還真的不好、不香、不痛快。

舉個例子，如果忙碌了一個禮拜，逢休假是不是特輕鬆？反過來說，倘若每天都能睡到自然醒，剛開始還舒服，接下來就難受了（參考學生時期的寒暑假放假經驗）。

放在金錢上也一樣，我認為有"剛剛好"的錢比擁有金山銀山還美滿，因為後者還得時時提防有人覬覦，不若前者心安神泰。

好吧！我承認與其大起大落，我寧願人生只有小波折（無波折是不可能的，即使有，最後也會變成"生命無法承受之輕"，參考方才的"老鼠實驗"）。也就是說，我的言論會趨於保守，若想從我這裡得到無限向上的動力，估計會失望。

談完別人（正確地說應該是某個人）的養老生活，現在談談我的。一天的序幕往往從遛狗開始，接著寫作和做家務，中午時間外食和購物，回來後睡個午覺，醒來吃點兒水果或小食，接著又是寫作。等被家裡的狗煩到不行時，又外出遛狗，遛狗完畢洗個澡，然後準備晚飯，吃完上床刷手機，直到睡意來襲………

貌似我的養老生活也很單一，但無不無聊取決於當天我的寫作狀態是否良好，如果是，那便是內心充實的一天；如果不是，那便是備受煎熬的一天。

聽不懂？好，且聽我道來……

心理學上有個名詞叫"情感抽離"，這是一種保護機制，指的是當外界有危險時，人會從現實中抽離出來，藉以避開正面衝擊。

當我第一次讀到這個心理名詞時，有種被當頭一棒的感覺，因為我有此心理表現很久了，經常遊走在現實與不現實之間（為什麼要情感抽離？還不是因為這個世界不總是美好，當超過自己能承受的程度時，我就到另一個世界躲一躲）。若問好處，那就是暫時的抽離能讓自己的情緒沉澱下來，避免做出極端行為，同時有助寫作；壞處當然也會有，譬如不太能融入團體，或者對突發狀況的反應慢半拍。

總而言之，我目前的養老狀態是圍著寫作打轉，並且大多時候呈現充實且愉快的狀態，這大概就是我和別人的養老生活最大的不同之處吧？！

（註：在此多嘴說幾句，如果您對生活失去了熱情與希望，不妨試試"情感抽離"，表現在具體上，寫作便是其中一項，雖不保證能讓您起死回生，但起碼能讓您離抑鬱遠一點兒。）

35、上帝已死？

小時候的教科書上寫著國父孫中山先生年輕時曾折斷佛手，藉以告訴鄉親們別迷信，因為神像都保護不了自己，何況保護人？

我記得當時的老師藉文告誡我們要相信科學，而生活上我也曾見過虔誠拜佛的人，私底下卻一點兒愛心也沒有，對晚輩總是指來喝去，所以對佛教產生了抵觸心理。

長大後，我又接觸到基督教，可惜聖經記載的事情太過魔幻（好比摩西分開紅海以及耶穌用五個麵包、兩條魚餵飽5000人等），怎麼也無法讓我信服，最後只能說拜拜。

移民到新西蘭後，我發現那裡的華人很樂衷拉人信教，包括佛教、基督教、還有小眾的一貫道（這個宗教雖有爭議，但我接觸過的

"道友"皆很正常，而且學歷普遍都很高）。無奈那時候的我非常較真，太過玄乎的東西都會被我Pass掉，所以一直以來，我皆以"無神論"自居。

事情的轉折發生在2022年末，我無意間刷到一些神祕學上的東西，眼前一亮，加上大數據搜索到我對這方面感興趣，不斷地給我推送相關信息，一番轟炸下，我彷彿被打通任督二脈，對"上帝"也有了不一樣的見解，

要想接受這位宇宙的最高主宰者，首先得接受有超能力的存在（這也是一開始我無法接受任何宗教的原因，因為我不相信此能力的存在）。跨過那道門檻後，以前所有感到迷茫的部分，頃刻間都有了答案，而我對宇宙主宰者的認知也從具體的某神（通常具備人的形體）上升到抽象的超強意識……

如今的我已從無神論者變成有神論者，所以上帝是否已死，我的答案顯而易見──祂仍真實地存在著，並且每天都在顯神蹟（天哪！真不敢相信這是我會說的話，以前的我對這種言論嗤之以鼻）。

人生兜兜轉轉一大圈後，我終於找到我的上帝，您呢？找到了沒？

36、黑犬

英國前首相丘吉爾有句名言："我心中的抑鬱就像一隻黑犬，一有機會就咬住我不放。"

落到現實生活中，也有一隻黑犬咬住我不放，只是它不是抑鬱的代名詞，而是一隻真正的黑犬（小黑），就住在離我家不遠的二巷中。

我曾說過山上二巷是小黃和小黑的地盤（小黃還好，不若小黑的地域意識那麼強），雖已劃清界限，但有時小黑還是會越界來到三巷，大概察覺到我的恐懼，一見到我就窮追不捨且齜牙咧嘴，好不嚇人。

有一天，我正與一位俄羅斯老人交談（彼此的兩隻狗也在嗅來嗅去），沒注意到小黑已悄然來到我們身邊,並以迅雷不及掩耳的速度開啟霸凌模式。我被嚇到心臟差點兒驟停,結果方才還斯斯文文說話的老人卻幡然變臉,對著惡犬就是一陣猛批(說的當然是俄語),把我驚得下巴差點兒掉下來。

接下來的一幕讓我終生難忘——平常囂張跋扈的小黑像隻喪家犬似地夾著尾巴走開。

我的心中無限感慨,原來惡犬還得惡人治。

後來的日子裡,我仍小心翼翼地遛狗,深怕踩到小黑的地盤,惹得"大哥"不高興,然而人算不如狗算,這一天,當我遛狗遛到三巷尾,不巧與二巷尾的小黑打上照面。通常的情況是只要我不再越雷池一步,它便放我和我家的狗一條生路,結果那天不知怎麼回事,小黑一見我如同看到仇家,立即飛奔過來,我馬上做出反射動作,拉起狗便往回跑(如果有錄相,我家的狗此時應該呈現"空中飛狗"的姿勢),但人哪跑得過肌肉發達的野狗?就在小黑即將Catch到我時,也不知哪來的勇氣,我轉身大喝"No",聲音之大,連自己都嚇一跳。

小黑愣住了,不敢相信今日的我竟然吃了熊心豹子膽;我則乘勝追擊,趁它凌亂之際,再次大喝一聲No,同時露出猙獰的面孔。

無聲對峙幾秒鐘後，小黑後退一步，接著再後退，最後轉身走了。

我卸下兇惡的面具，同時有大哭一場的衝動，原來……原來克服心魔是這種感覺。

接下來的日子裡，小黑和小黃皆不再追逐我和我家的狗子（小黑吃了我兩吼，這個可以理解，但小黃是怎麼回事？莫非小黑回去後向小黃說嘴了？），我甚至能在它們的眼皮底下安然自若地遛狗，完全不用擔心自己的人身安全和家犬的狗身安全。

從此，那隻名叫"恐懼"的黑犬不再咬住我不放，實乃幸事一件，快哉！

37、異鄉人

《異鄉人》（又譯為《局外人》）乃阿爾貝·加繆的一部長篇小說，於1942年出版。故事從莫梭收到母親的死訊說起，在葬禮上，他並未流露出悲傷之情，爾後仍過著我行我素的生活。沒多久，他涉入朋友的私事，並開槍打死一名阿拉伯人。面對審判，莫梭仍像個局外人，法官遂以被告對母親之死無動於衷且態度過於冷漠為由，判處他死刑。在等待行刑期間，莫梭忽然情緒爆發，同時表達對社會道德的不滿與憤怒……

記得第一次讀《異鄉人》是在我的大學時期，還是因為三毛的緣故（寫《撒哈拉的故事》的那一位，不是《三毛流浪記》裡的三毛）。她在某篇文章中提到《異鄉人》這本書，並且說自己像個"異鄉人"，於是我把書找來讀，讀完後的感覺是——原來不止我一人覺得與這個世界格格不入。

中國有句俗話——三歲看大，七歲看老。意思是在小孩三歲時，可看出其長大後的心理、性格等；在孩子七歲時，則可看出一生的發展狀況。在我看來，三歲能看出長大後的心理、性格，應該沒有什麼爭議，好比打小我就是個膽小且敏感的人，到現在也沒改變多少，但"能看出一生的發展狀況"卻未必，因為這取決於所處的環境。

拿我本人舉例，小時候我曾跟隨鄰居的哥哥姐姐們一同外出遊玩，經過一戶人家，他們爬牆進去偷摘水果，被發現後，全逃之夭夭，只有我像看戲一樣，安然地留在現場，結果當然被抓個正著。後來的發展在我看來很沒道理，首先，屋主明明看到小偷的長相，卻讓不是小偷的我承擔小偷的罪名；其次，我的父母雖然相信我沒那個膽量偷竊，但表現出來的卻不是替我申冤，而是責怪我為什麼不跑？簡直愚蠢至極！

（註：如果我的父母當時懂得替我據理力爭，而不是責備我為什麼不同流合汙，我就不會陷入自我懷疑中。）

第二個例子發生在我祖母的葬禮上，我和祖母幾乎沒什麼感情，她不喜歡木訥的我，我也不會主動討她歡心，所以她的死，我頂多做到"表情嚴肅"，連眼淚都掉不下來，可是臺灣的葬禮就是這麼奇怪，不哭還不行，而且還是集中一起哭（葬儀社的人把家屬帶到一個指定地點跪下，接著一聲令下，全體一起哭出來）。

我低下頭去，努力想擠出眼淚來，可惜無果，再看看身邊人，一個個哭得撕心裂肺，我感覺好滑稽、好不真實。

"好了，現在可以站起來了。"葬儀社的人宣佈。

聽到儀式結束，大家陸續從地上爬起，大人們隨即七嘴八舌地交談起來，說到興起時，笑得後牙根都看得見，很難想像這些人幾分鐘前還哭得呼天喊地。

我嘗想如果這些事情發生在我的葬禮上，我寧願不要有葬禮，因為太虛偽也太可笑了。

（註：如果我參加的是歐美的葬禮，絕不會有集體嚎哭的現象發生，事實上，在那個場合哭得稀里嘩啦反被視為異類。）

瞧！我就是生長在這種是非對錯常讓我感到迷惑的環境中，也難怪我會懷疑自己是不是"異鄉人"？問題是我還無力改變現狀，這才是最傷的。想到以後的人生都要這麼過，簡直比死還難受。

隨著年齡增長，我漸漸覺悟到沒有一種個性是完美的，但絕對都能找到包容的港灣，所以該做的不是試圖去改變環境，而是回到屬於自己的環境。也就是說，當您覺得無人能理解，四周圍都充滿惡意時，立即轉換環境才是明智之舉（講得直白點兒，您一隻鴨跑到雞群裡幹嘛？還是回到鴨群裡去吧！）。

再舉個例子，某天，我到一個朋友家做客，她向我展示她家後院裡的花花草草。

"這盆花長得真好。"我指著地上一盆怒放的花卉說。

"它原本快死了，"朋友答，"試過各種方法都無效，想著挪個位置試試，沒想到還真管用。"

"是嗎？這花上輩子燒高香。"

"不，不光這盆，我院子裡的花草都一樣，只要快蔫了，我一挪位置就救回來了。"

這個說法讓我聯想到"逐臭之夫"一詞的典故由來，話說有個人身上奇臭無比，他的親戚、兄弟、妻妾等，皆無法與他住在一起。此人很苦悶，於是住到海上去，沒想到海上有人喜歡他這種臭味，日夜跟隨他，不肯離去。

感受到了沒？有時不見得是您本身的問題，而是恰好處在不對的環境中，以致終日過著如坐針氈、生不如死的生活。

既然深知環境的重要性，養老地我當然得慎重考慮，所以當朋友問起我為什麼選擇到泰國養老時，我的答案當然與環境脫不了關係。再講得通透點兒，那就是泰國的磁場與我的磁場對上了（這個很重要，只有在對的地方與對的人在一起，人才不會蔫了）。

您也有"異鄉人"的感覺嗎？如果有，不妨換個環境試試，這總比站在原地繼續精神內耗，並且日益萎靡要好，您說是嗎？

38、看海

泰國是個臨海國家,看得到海並不稀奇,比較稀奇的是連不臨海的城市也看得到海,那就奇了怪,且聽我道來。

每年6月～10月是泰國的雨季,當雨季來臨時,全國普遍下暴雨(伴隨電閃雷鳴),所以淹大水是常有的事,連泰國人都自嘲又可"看海"了。也難怪當我關注的博主上傳一段她家淹水的畫面時,這棟位於曼谷的三層樓別墅(一度是我的夢中情屋)立即變得不香了,試問有誰會想在大水退去後,整理那一屋子的泥濘?

幾天前,我刷新聞時意外得知芭提雅又淹水了,不僅海灘的沙子被沖掉七七八八(得連夜運來沙包),我還看到有人涉水而過的照片,水深及胸。

"這是芭提雅嗎？"我把照片拿給老公看，"會不會是假新聞？"

"我們住山上，山上沒積水不代表山下也沒積水。"他搖了搖頭，"挖的什麼路？花了那麼多的時間、精力與金錢，結果還是一樣。"

是這樣的，自從我們二月份來芭提雅養老，路上的施工就沒斷過，這邊挖完，挖那邊，嚴重影響路上交通。挖的什麼？據說是為了埋排水用的管子，因為每到雨季，芭提雅就淹大水。然而如此大張旗鼓地未雨綢繆，換來的卻是啪啪啪打臉，怎不令人感慨？

吐槽歸吐槽，除了過一把嘴癮外，對實況一點兒助益也沒有，不過這場對話所提到的山上和山下差異倒是喚起我的記憶。話說2004年發生南亞大海嘯，泰國也是受災區，由於當天正值聖誕節連假，遊客很多，當海嘯來襲時，人們紛紛往高處躲，但罹難人數和失蹤人數還是達到驚人的30萬人……

為什麼提這個？因為當時我們也曾"到此一遊"，只是時間早了一、兩天，完美避開厄運。

結果回家後的隔兩天就發生了驚悚之事——有兩個人在我家門前探頭探腦，並且試圖從窗戶往內看（我家的玻璃是單向的，從外面看不見裡面，但裡面卻能將外面看得一清二楚）。

我把老公喊來，他一看，發現是公司僱員，於是開門打招呼。

待老公進屋後，我問怎麼回事？

"南亞發生海嘯，Lola聽說我們到泰國玩，所以拉她老公過來看看我們是否無恙。"

"沒那麼簡單吧？！"

"要不然呢？"

首先，Lola怎麼知道我家的地址？如果兩家走得近也就罷了，問題是沒有，她如此"熱心"，竟然犧牲假期跑這麼一段路，還拉來自己的老公，我的合理推測是她想鳩佔鵲巢。

聽完分析，老公哈哈大笑，同時說我想多了。

"那麼回答我，如果你知道老闆聖誕假期去了災區，你會到他家一探究竟還是等到上班日再說？"我問。

"等到上班日。"他答。

"依據你對Lola的了解，她像是會關心老闆安危的人嗎？"

老公沒回答，但臉色明顯不對了。

也許有人會說，如果真遇上災難，國家一查，關係鏈一目了然，哪還會有鳩佔鵲巢的事情發生？

有此疑問者，乃以中國邏輯來想他國事務，在澳大利亞，老闆沒了，公司會有一個清算過程，但不會找到家裡去，除非家屬發現屋主易人了，估計好幾年都覺察不到，鄰居就更別說了，通常的情況下都是自掃門前雪。換言之，只要鳩有一張三寸不爛之舌，能唬得住人，這巢基本佔定了。

寫到這裡，我赫然發現上述猜想（員工趁天災侵佔老闆的房產）是個很好的寫作素材，是該將它寫成懸疑小說還是恐怖小說？讓我好好琢磨一下。

39、住大房子還是小房子？

有一天，我因事耽擱，出門遛狗時已夜幕低垂，在昏黃的燈光下，我依稀能分辨前方約20米處有個女人牽著一條狗，至於什麼狗，完全看不出來，只得一團深色的模糊影子（哎！我那該死的老花眼加近視）。

大概察覺到我的凝視，女人對我說："Hi, how are you？"

我沒料到她會問我好不好（在此情況下，通常會道Good evening），所以慢了半拍才答："Fine，thank you."

接著女人牽狗過來，讓兩隻狗做做社交活動，而我們也交換一些基本信息，包括彼此來自哪個國家？狗幾歲了？來芭提雅多久了？房子是租的還是買的？

當我聽說她原先租房住，逢房東要賣房，遂買下時，立即來了興趣，追問成交價是多少？為什麼賣得這麼便宜？妳是外籍，怎麼可以買泰國人名額的房？用公司的名義買？那麼每年的持有成本是多少？既然是仲介幫著設立公司，肯定收費，費用多嗎？

大概話題皆圍著錢打轉，這名俄羅斯女郎開始心生警惕，沒回答最後一道題便表示自己該回家了。

那氛圍瞬間尷尬到了極點，但我仍保留風度地與她Say Goodbye；她大概也察覺到自己的"無禮"，走沒幾步又回頭問我知不知道每個星期二和星期五的晚上七點，樓頂都會開桑拿派對？

怕自己聽錯，我又確認了一遍，真的是桑拿派對。

我回答不知道，因為我不會游泳，所以從不上樓頂（那裡有游泳池、健身房和桑拿房），當然也就不曉得有派對，也許下一次再參加吧？！

當我答完"Maybe next time"時，我才意識到自己又用臺灣的委婉方式結束談話（明明99%不會去，又留了個尾巴，只為了讓對方感覺舒服）。

待俄羅斯女人和她的狗離開後，我做了深刻的檢討——中國有句話"交淺言深"，我偏偏犯了此大忌，也難怪對方會如坐針氈。

換作從前，我大概又會陷入"自我批評"的漩渦裡，總要好幾天才能走出來，但現在的我不會了，而是以更積極的心態去面對，好比承認自己這次失言了，但誰又能保證自己從不說錯話？只要下次小心點兒就是。

至於我為什麼抓住房子的問題不放，以致讓對方感到不舒服？還不是為了以後的買房或賣房做準備，同時也想順便了解一下自己幾年前的投資是否合算？

記得剛賣掉國內房產，攜"巨款"來泰國養老的那會兒，我和老公每天都興致勃勃地四處看房，因為所住的開間太小，起碼也得買個兩居公寓或大別墅才行，然而隨著時間的推進，我漸漸變得理智起來，自問該住小房子（然後把錢花在其他方面，好比旅遊）還是住大房子（不能經常旅遊，同時日常開銷也得小心計算）？

由於一時下不了決定，我們索性先將錢存定期，然後且行且思量。這一思量，還真發現了問題，首先，我和老公都已步入中老年，什麼時候被上帝召喚都說不定，留下來的那一個有必要住"兩居"公寓嗎？多出來的空間是可以不使用，但不能不付物業費，在只出不進的情況下（人老了，肯定越來越做不動，即使數字遊民也一樣），繼續為不使用的面積支付物業費是否值得？其次，如果住進郊外別墅區，物業費和水電費的單價雖然低一些，但交通不便，"小動物"也多（譬如蜘蛛、壁虎、青蛙、蚊蟲……等，我可沒把握都能忍受），如果老伴再一走，自己守著空蕩蕩的屋子，要說多冷清便有多冷清，就別提夜晚降臨了，一方面要防人（宵小入侵），另一方面還要防鬼（多半是自己想像出來的），豈非活受罪？

後來的後來，我和老公都漸漸接受在28平米（實際面積，無公攤）的小小空間裡生活，他若上廚房，我便自覺坐在沙發上；我若使用餐桌，他便主動躺回床上去，彼此皆小心翼翼地保持至少一米的安全距離（睡覺就沒辦法了，畢竟只有一張雙人床），以防誰礙了誰，惹來一頓牢騷。

若問住小房子的好處，除了物業費和水電費能少交點兒外，首推"易打掃"和"提高了消費能力"。"易打掃"很容易理解，因為即使每天打掃衛生，也只需十幾分鐘，而少了購買第二套房的支出與維護成本，我們的錢包鼓了起來，相對也"提高了消費能力"，譬如上餐廳吃飯，那跟家裡的食堂沒兩樣，我甚至都產生不了興奮之情。還有還有，任何時候想到外地旅遊，隨時都能出發；想買什麼，也多半無需考慮就能擁有，簡直太美了！

當然，我的兩難只因我不夠富有（只有窮人才做選擇，富人什麼都要，既能住上大房子，還能不間斷地買買買）。如果哪天我也能達到富人的境地，這篇的篇名就不會是"住大房子還是小房子"這樣的小格局，而是"如何在馬爾代夫包下一座海島"或"淺談SpaceX的私人太空旅行"這樣的大宏觀，您說是嗎？一笑！

40、明珠蒙塵

幾天前我刷公眾號，意外發現一個有點兒熟又不太熟的名字A，看到留言板上寫著："怎麼不寫作，改賣貨了？"，我赫然記起這個人是誰來著。

第一次讀A的文章大概在三、四年前，她的文筆流暢且極具個人風格，算是成熟型的作者。以後又陸陸續續讀到她的幾篇文章，都相當不錯，我記得其中有一篇談到她為了克服內向寡言的缺點，刻意參加聚會且爭取發言，後來意識到做自己才是最舒服的狀態，所以決定不再勉強自己成為社牛。然而幾年過後，A卻在"消失"的這段時間裡幹了大事，好比組織團隊拍短視頻，如今又直播賣貨，看著照片中身著白衣黑褲，戴著黑框眼鏡的幹練型職場女性，實在很難與我腦海中的

"內向寡言"連上號,我該稱她為勵志姐還是折腰姐(為五斗米而折腰)?

別誤會,我不是生活在象牙塔裡的人,相反的,我會奉勸那些想辭職,以便專心寫作的人三思,因為這條路非常、非常長,不是短時間內能看得到成績,但人總得吃飯,所以除非家裡的米缸長期有米,否則還是邊工作邊寫作比較保險。

針對A,她想先解決溫飽問題,完全OK,我只是有些許感慨——明明是個寫作人,卻無法寫作(或只能花極少的時間寫作),而且幹的工作還與自己的個性相悖,這實在挺諷刺的。

也許有人會說個性可以改啊!抱歉,個性是改不了的,因為那是基因的一部分,如果內向真的變成外向,那也只是戴上一張面具而已,至於有沒有人能戴一輩子的面具?這就不好說了。

基於以上,我預言不管A的"新工作"是否成功,她最後還是會回到那個原來的自己,所以我的感慨也只是暫時的,該什麼還是什麼,誰讓這個世界就是這麼瘋狂(非得讓人幹不想幹的事情)且難以言喻(兜兜轉轉後,又回到原點)。

41、CARELESS

我大學時修的科系,一個年級有三班(甲班、乙班、丙班)。有一天,我和室友談起這三班,一致認為甲班最混,乙班正常,丙班最合群。

那個被評為最混的甲班正是我屬的班級,但我一點兒也不生氣,因為的確混得不像話,好比每週一次的升旗典禮,唱完國歌才姍姍來遲者,多是我班學生,以致連導師都發話讓我們給他留點兒面子。還有還有,但凡舉辦活動或比賽,我們班就從來沒有一次全員到齊過,勉強上陣的,還有那麼點兒老弱殘兵的樣子,所以當某天學校宣佈甲班獲得某某榮譽,贈予錦旗一面時,我們皆表示搞錯了,但懷疑歸懷疑,錦旗還是被掛在教室內(相較於其他班級的錦旗無數,這面唯一的榮譽顯得那麼的孤寂）。某天，有人發現這面碩果僅存的錦旗竟然不見了，然而換來的卻是"不見就不見了"的反饋，那口氣像是甩掉了什麼包袱，畢竟沒經過努力得來的，失去了也不足惜。

為什麼提這個？因為三十多年後，我忽然又有重回甲班的感覺，且聽我道來。

我在芭提雅買了個公寓，前不久整棟樓終於完全售罄，開發商遂決定年底前將公司註銷掉（為什麼要註銷？玩的正是金蟬脫殼，懂的自然懂），於是通知還沒辦理過戶的業主抓緊時間辦理，這包括我的朋友G與M（奇怪的是只有G收到郵件，M沒有，還是我多嘴轉告的，這證明開發商的操作也挺不走心的）。

當G飛到芭提雅辦理過戶手續，並且順利拿到房產證時，興奮之情卻被一盆冷水給澆熄了。

"太誇張了！"G向我吐槽，"房產證上的護照號竟然會寫錯，看來這次開不了銀行賬戶，畢竟更改還得好幾天。"

"不一定喔！"我答，"我老公申請居住證明時，人名拼錯了，被我們當場指出後，不到十分鐘就改過來了。還有，我的簽證是單次出入境,他們給成多次,也是當場就更改過來。"

後來G按照我說的做,一個小時後就拿到正確的房產證,可是問題來了,上面寫的是泰文,怎麼確認就是自己的?

我記得當時我也曾有過同樣的疑問,結果工作人員隨機抓住一名泰國人,請她讀出上面的人名。我一聽,雖是泰式發音,但的確跟自己的名字很相像,於是接受了,

如今G問起,我總不能讓她在大馬路上隨便抓個人唸房產證上的名字吧?!何況我還有更直接有效的方法。

"妳不是明天上銀行開戶嗎?"我對G說,"開戶需要看房產證,如果房產證不是妳的,肯定辦不了,如此一來不就清楚了?"

話一答完,我的心又打起鼓來,因為沒把握銀行真的會仔細核實,畢竟不靠譜的事做多了,實在難以產生信任感。

"B杜,妳說像房產證這麼重要的東西,怎麼可能出錯呢?"G問我。

"妳若在泰國待久一點兒就知道了,這不是個例。"我答。

後來我們又談了點兒別的，結果兜兜轉轉後，G又舊話重提，看來她對"房產證填錯護照號"一事耿耿於懷。

其實說來說去就是Careless在做怪，但凡一連串的數字或英文字母，好比護照號、電話號碼、姓名拼音等，泰國人往往一眼就過，不會再做二次確認，而就我的觀察，他們好像也不認為出錯有什麼大不了的，改過來就是。

講到Careless這個單詞，翻譯成中文有"不小心的、粗心的、馬馬虎虎"之意，同時也可表"不擔憂的、輕鬆自在的、無憂無慮的"。我認為拿Careless這個詞來形容泰國人，再恰當不過，因為他們大多大大咧咧且笑口常開，至於是先有馬馬虎虎，所以才輕鬆自在，還是先輕鬆自在，所以才馬馬虎虎，這就不得而知了。不過不管哪個，我覺得結果都挺符合常理，試想一個錙銖必較的人輕鬆得起來嗎？如果答案是No，那麼一個輕鬆自在的人同時也丟三落四，這不挺正常的？

泰國的Careless還表現在裝修上，倒不是說他們偷工減料（若有，也是無心之過，跟刻意為之有本質上的區別），而是不能相信他們所說的工期。如果工人說三個月，那麼就要有五個月收房的心理準備，而且千萬、千萬不能催,一催,人跑了,自己又得重新找人,而找來的人同樣不能催。

(註:這不是我的親身經歷,而是朋友花錢買來的教訓。)

我後來發現自己之所以喜歡泰國,好像也與他們的Careless脫不了干係(就好比當年被分配到甲班,心裡多少有中大獎的感覺),因為骨子裡的懶散能夠徹底釋放出來,不用擔心被指責或當成異類。換言之,如果您是個凡事較真且積極向上的人,來泰國可能會不開心,畢竟這裡向來就不是奮鬥的戰場(尤其針對來泰的外國人),而是懈怠的樂園。

42、缺愛的顏色

記得新生入學（大學）的第一天，我在甲班的名單上找到自己的名字，興沖沖地去排隊。排在我前面的是一位長髮女生，不一會兒，她轉過頭來對我說話，我眼前一亮，這不是愛情小說中的女主角嗎？於是衝口而出："妳好漂亮啊！"。

哪知她一聽，立即臭臉，同時轉過身去，留我一人在風中凌亂。

後來我才了解到我們的"班花"最討厭別人說她美，我的馬屁（雖然我是真心實意的）算是拍在馬腿上，當中的道理其實也不難理解，這就好比有錢人最恨別人只是惦上他的錢一樣。

除了這個"臭毛病"（天哪！我也好想有這個"臭毛病"），我們的班花還非常反骨，雖不致於在言語上針鋒相對，但行動上絕對劍及履及。

"那個穿橘色的，"我們的美術老師指向班花，"妳來說說這幅畫是哪個時期的畫風？"

待班花回答完畢，老師對大家說："橘色是缺愛的顏色，如果你們看到穿橘色衣服的人，代表這個人正在發出求愛信號。"

話甫歇，班上男生嘿嘿嘿地笑，那氣氛曖昧極了。

（註：這位美術老師的脾氣陰晴不定，而且經常不分場合地隨意說話，我們早見怪不怪。）

既然公開被針對，女生的正常反應大多是從此不穿或少穿橘色衣服，以免又被拿來當談資的內容，但我們的班花愣是不一般，打從那件事發生後，只要上美術課，她一律橘衣上陣。事實證明我們的美術老師是欺善怕惡型，見欺負不了，只能選擇性失明。

三十年後，我倒不是又見到班花，而是看到芭提雅山上有幾大片"缺愛"的顏色，在陽光的照耀下，顯得格外刺眼。

"這房賣得好呀！"仲介說，"光這座山就有好幾個項目是同一個開發商的，可見很有實力，而且妳買下後馬上就能收租，每年有6%的收益，只有大公司才敢做這樣的保證喔！"

"可是顏色我不喜歡。"我答。

"橘色很好呀！讓人的精神為之一振。"

仲介仍試圖說服我，但我已打退堂鼓，因為我是真不喜歡橘色（跟有沒有缺愛無關），仲介口中的精神振奮，在我這裡反倒成了壓力山大，我寧願把房子全刷成白色，也勝過這個可怕的顏色。再說，這房沒有廚房，可見是為了短租做打算，並不適合拿來自住；還有還有，雖然提供包租，但房價比附近的樓盤高出1/3，有點兒"羊毛出在羊身上"那味兒。

最終，我還是買了別的樓盤，也多虧有了這套房，我和老公在疫情肆虐期間才有了逃遁的去處，這是後話。我想說的是這幾大片"缺愛"的樓房後來沒能逃過疫情的衝擊，不僅開發商宣佈破產，連帶物業也跑了，原本還挺熱鬧的小區，一下子人去樓空，真是不勝唏噓！

"雖然開發商倒閉了，但業主可以接手呀！好比僱用一家物業管理公司，那也勝過目前的空屋狀態。"我喃喃道。

"實際情況可能比妳想的複雜，也許開發商還把房子拿去做抵押，債權人可不會允許任何人動了他的'蛋糕'。"老公停頓了一下，"其實我比較關心的是那棟城堡會不會推倒重建？實在太醜了！"

沒錯，開發商還在山上蓋了一棟城堡式公寓，雖然沒塗上令人驚心動魄的橘色，但火山泥的顏色也好不到哪裡去。

有句話"缺愛的人都跟錢過不去"，此時的我忽然想起當年美術老師說過的話（橘色是缺愛的顏色），對照當下，還真有點兒"歪打正著"的意味呢！

43、不留最後一個銅板

在我的拙著《B杜極短篇故事集（1～100）》中的第71篇故事裡寫道：洪氏夫妻在中國城開了一家港式茶餐廳，有位老人經常光顧。也不知怎的，這對夫妻對這位老人上了心，不僅關懷備至，有時甚至把店一關，就為了帶老人四處旅遊。最後，老人臨死前把自己那豐厚的遺產全送給了這對夫妻……

讀者可能以為故事是瞎編的，其實不然，這是發生在澳大利亞的真人真事，只不過被我略加改編了一下。

這一天，我問老公如果他臨死前發現身邊沒有任何親人和朋友，財產會做何處置？

"捐出去。"他答。

"會不會送給臨死前對你最好的人？"

"看好到什麼程度。"

於是我把方才的故事說給他聽，同時強調是真人真事。

"可能……會吧？！"

"為什麼？換成是我，我會懷疑那對夫妻的動機，也許他們早知道外表樸素的老人其實很有錢，所以才下了個賭注。"

"這有差別嗎？"老公反問，"老人臨死前得到了關愛，不是嗎？這總比把錢送給不相干的人要好。"

我被當頭一棒，是呀！捐錢給教會或公益團體只是付出，自己其實並沒有獲得"實質"的東西；反觀這位老人，在風燭殘年裡畢竟得到友誼和陪伴（甭管虛心假意還是真心實意）。從這點看，老人也不算太虧。

香港富豪李嘉誠曾說過"不賺最後一個銅板"，一般人大概無此苦惱，不過當面臨人生的最後一程，富人或窮人的反應倒挺一致的，那就是——不留最後一個銅板（哪怕無後人繼承，怎麼也得把錢送出去，免得便宜了銀行）。

回到方才的故事，我認為那位澳大利亞老人也有"不留最後一個銅板"的信念，否則大可兩眼一閉，啥事不管，愛咋咋地。

這件事讓我憶起新西蘭的母子房（在土地上蓋一大一小的兩棟房，小房給上了年紀的父母住），為什麼會有此類房子？這和傳統的想法（洋人皆不照顧父母）好像背道而馳；如果我再告訴您，有部分新西蘭的年輕人熱衷於擔任照顧老年人的義工，您聯想到什麼？在我看來，雖然不能武斷地說全因"不留最後一個銅板"而起，但也不排除有此可能性。

您會留下最後一個銅板嗎？反正我是不會。

44、宅炎炎

記得第一次到泰國玩是在二、三十年前,當時曼谷的交通就已經堵到不行,以致於出租車司機都會未雨綢繆地先在副駕駛座上擱上好幾份報紙(這還不算太誇張,有的甚至會擺放手工編織材料),一旦又堵上,隨時都能把時間利用起來。

哪知二、三十年後,曼谷的交通依然不見改善,只不過從出租車橫行變成了網約車大行其道。

"中國也這麼堵嗎?"網約車司機指著動彈不得的交通狀況問。

"大城市也堵。"我誠實作答。

"那為什麼中國人的個性還這麼急?"

我一時懵了，反問這兩者有必然的關係嗎？

"我就隨便說說，妳別在意。"他帶著微笑，"我認為中國人的個性太急了，今天做不完就明天做，明天做不完就後天做，總有一天會做完的。"

去過泰國的人都知道，那裡的人習慣"宅炎炎"（慢慢來），網約車司機有此言論並不奇怪。

"可是如此一來，老闆就不高興了。"我答。

"那就換個老闆，天天工作不開心，人生還有什麼意思？"

我一聽，好傢伙，原來高人在此，我實在有眼不識泰山。

中國有句古話"大智若愚"，意思是才智很高卻不外露，看起來好像有些愚蠢。落到泰國人身上，我認為再恰當不過，別看他們一個個好似不太聰明的樣子（好吧！我承認這種說法相當主觀，而且也不適用所有人），但人家就是擁有大多數人可望而不可及的東西（快樂），還真不能不服。

其實一個國家在乎什麼，從學生的反應就能看出。舉個例子，國內的三好學生在同儕面前大概像神一樣的存在，發展的結果便是人人熱衷解題，養成一批又一批的精緻利己主義者；反觀泰國，最受歡迎的往往不是優等生，而是有副熱心腸，人緣又好的學生。

看出其中的差別沒？您說一個試圖跑贏別人的人，心態上怎能不著急？而內卷的結果便是越來越內耗，連帶笑容也越來越少⋯⋯

（註：從個人的精神面貌來說，宅炎炎確實達到放鬆身心的效果，但從國家的發展角度看，宅炎炎恐怕一點兒也不友好。）

如今，我選擇在泰國養老，可見我已經準備好接受宅炎炎，而這是我用前半生的馬不停蹄換來的（說到底，是掙來的），與天生就擁有此體質的泰國人一比，終究差點兒意思！

45、運氣

前幾天我看了一個談話性節目,講的是運氣,大概的意思是一個人能不能成功,首先得有高於平均值的能力(不需要高出太多),其次就看運氣,如果能抓住每次迎來的好運氣,離成功就不遠了。對照過往,某些獲獎的科學家或叱吒風雲的行業大佬往往把自己的成功歸於運氣好,也許有人會說這是功成不居的表現,但有沒有一種可能性,那就是他們的成功真的只是運氣好。

我舉個例子,《哈利波特》的作者J.K.羅琳是寫作界名利雙收的天花板,我相信沒有人會反對吧?!她成名前的經歷就不多說了,我想談的是她成名後曾以"羅伯特•加爾布雷斯"的筆名出版了一本偵探小說《杜鵑的呼喚》,但反應慘淡,後來她承認自己正是該書作者,消息一經報導,銷量直線上升,小說後來還改編成同名電視連續劇。

讓我們把順序弄反,如果J.K.羅琳先出版的是《杜鵑的呼喚》,少了《哈利波特》的加持,您認為這本書最後成為暢銷書的機率有多高?

(註:依據我老公的評價,《杜鵑的呼喚》是一本佳作,但如果作者不是J.K.羅琳,他大概不會買來看。)

讓我們再假設《哈利波特》早了十年或晚了十年出版,它依舊還會洛陽紙貴嗎?

所以您說這當中有沒有運氣的成分在?而如果運氣佔了絕對的影響力,那麼努力又有何用?

有關這個,我來談談另一個例子。一個月前,我曾收到一位作者的稿件,除了郵件主題寫著某某人投稿,內容空白,附件雖有,但分成好幾份,且不按照順序排列。

我的第一反應是火冒三丈,投稿這麼隨意,還是頭一回見到,於是我回郵,請她把所有稿件按照順序放在同一個Word裡,並且附上文章簡介和作者介紹。

次日,她發來了,我也就將怒火壓下,開始審稿,這一審讓我陷入兩難,因為文章不壞，但不符合市場需求，意思是大概率銷量不會太好。通常在此情況下，我工作的出版社還是願意給出機會，畢竟曲高和寡的作品還是要扶持一下，但聯想到作者第一次投稿時的"毫無誠意"，我又猶豫了，因為小細節通常會給出一些隱藏的信息。

考慮再三，我還是回絕了。

把這件事拿出來論運氣，可以說對方有沒有出版的好運氣全在我的一念之間（不說她能不能靠出版賺到錢，單純只把出版當成一個目標），但這個功敗垂成的結果，究其原因還是更早以前種下的因。

我們常說某某人的運氣特別好，或者某某人的運氣特別差，排除機率的因素，也許"做好迎接好運的萬全準備"才是最後的東風，您認為呢？

46、雌雄莫辨

小時候，我曾看過一部奇怪的卡通影片《寶馬王子》，單看片名，既然是王子，那肯定是男的，結果卻出乎意料——《寶馬王子》的外表是男的，但內心可男可女。

瞧！是不是毀三觀？這種影片根本不適合小孩子觀看，可是我們卻看得津津有味，每到播放時間，必定守在電視機前。

雖然我看過如此奇葩的影片，但我對男生和女生的區別卻不曾懷疑過，男生是男生，女生是女生，涇渭分明，因為"男女共用一個軀體"的人設很快便被我歸為"騙小孩"系列中的一個（其他諸如人魚公主、青蛙王子、無敵鐵金剛……等，也是）。

開始感到迷惑還是我上初中那會兒，同年級中有個女生，外表偏中性，但說話舉止都像個男的，她還特別會撩女生，也很享受被女孩們"眾星拱月"的滋味，這是第一次我感覺到女性的軀體裡也有可能裝著男性的靈魂。

等我上了大學，一位外籍學生（亞洲人面孔）很快吸引我的目光，180公分的身高，平板的身材，聲音低沉，臉孔有稜有角，特別英氣。

"那個高個兒是男是女？"我問一起吃飯的同學。

"女的，好像來自印尼或菲律賓，有華人血統。"同學答。

"怎麼看起來像個男的？"我又問。

"哈哈哈……"同學像得花枝亂顫，"尤其聲音還特別像，不過個性上是個女的沒錯。"

我更加迷茫了，與我中學時代的"男性化"女生比，這個卻是有著男人身體的女生。

後來我重考考到另一所大學，起初我並沒有留意到這位特殊人士，要不是那天陽光太過明媚，草地上還鋪了塊野餐墊，幾個人坐在上面嘻嘻哈哈，我是不會注意到其中一位是單眼熊貓（左眼處有個杯口大的黑色胎記）

，而且非常活躍，像是皇帝帶著后妃們一塊兒嬉戲。

後來我又在校園裡見到幾次"伊人"的蹤影，她總穿著不同長度的寬口褲，腳上夾著人字拖，行色匆匆。

有一次，她喊住我，問："喂，妳哪一班？"

"一年……甲班。"我顫抖著聲音答，那感覺像是忽然被皇帝翻了牌子。

"我是學長，下次見面要喊一聲學長好。"她說。

"……嗯！"

打從那時候起，只要大老遠見到她，我便繞路走，因為太五味雜陳了（臉上有胎記的人容易讓人心生同情，但此人成功把同情化為詫異，真是了得）。

後來我聽說有兩位學姐為了爭奪這位"學長"的寵愛而大打出手，真是驚掉下巴，還有這種玩法？

來泰國定居後，我的疑問並沒有得到解答，反而更加迷茫，因為改變性別認同在這個國家很容易，正因為太容易了，難免讓人起疑——這是認真的嗎？

让我這麼說吧！在泰國，只要某天認為自己不是身份證上的性別，行動上可以馬上轉換，旁人也不會大驚小怪。倘若"換性別"生活過一段時間後，發現搞錯了，那就再更改過來，沒什麼大不了的（這也是我的迷茫之處，感覺像在過家家）。

當然，上述所言還未達到做變性手術的程度，充其量只是在"試探"，一旦上了手術檯，理論上就比較嚴肅了。

這一天，我外出遛狗，忽聞身後有腳步聲，於是轉頭過去，發現是一位變性ing中的小姐姐（胸部堅挺有彈性，但喉結相當明顯）。後來"她"跨上一輛摩的揚長而去，我還因此看到此人的大腿內側紋上了一個粉紅色蝴蝶結……

之所以有如此怪異的現象（不男不女），乃因泰國人多半是月光族，存錢對他們來說很困難，所以像"變性手術"這樣的大項目，只能分期做，什麼時候存夠錢就做其中的一項，時間跨度可長達數年。

由於泰國的人妖很出名，連帶有人會把人妖和變性人混為一談，其實兩者有本質上的區別，前者的上半身是女性（長期服用含雌性激素藥物的結果），下半身卻保留男性生殖器；後者指的是已通過醫學手段改變原本性器官的男人或女人。換言之，人妖並非出於自願而變裝，大多被生活所逼，也算是可憐人。

然而不管是人妖或變性人，他們皆被歸為跨性別者（指性別認同或性別表現與出生時的指定性別不一致），但跨性別族群卻不止這兩類，包含的範圍要更廣些，按理說並不適合用"男女二元"來分類。

我本人對於弱勢群體向來是比較支持和包容的，但《哈利波特》的作者J.K.羅琳最近因為發表對跨性別者的"不當"言論而遭到攻擊，我卻不認可，試想如果有男人聲稱自己是女人，不需要任何變性手術或荷爾蒙干預，就能出入女性的私密場所，這難道不會給廣大女性帶來風險和威脅（節錄自J.K.羅琳的言論）？

話說幾個月前的普吉島之旅，我就曾親眼目睹一個男生走進星巴克的女廁，嚇得我馬上止步，直到那個男的走出來，我才敢進去。

"那是一個長得像男生的女生。"聽完我的抱怨，老公說。

"不不不，"我把頭搖得像撥浪鼓，"百分百是個男的，給一百個女生指認，一百個女生都會說這是個男的。"

"那沒辦法了，誰讓這個國家雌雄莫辨。"

後來我聽說泰國為了照顧人妖的特殊性,專門設置了人妖廁所,而當沒有此類廁所時,人妖選擇上男廁或女廁都是被允許的(他們身份證上標註的是男性,但外表看起來像女性)。

這個規定可把我嚇得夠嗆,雖然很人性化,但也給變態者大開方便之門,難怪J.K.羅琳會對此有所保留。

講到雌雄莫辨,泰國其實是有先天上的條件,因為這裡的男人普遍骨架小且有女相,所以男女切換沒那麼大的難度,換個虎背熊腰的洋人試試,絕對一秒破功!

也就是說,"雌雄莫辨"大概率是泰國獨有的,如果把它當成一種特色,從這個特色,我看到了貧窮和無奈,也看到了寬容與尊重,對於佛教國家來說,也算不違和。

47、有關翻譯和簡繁體互換

根據統計,全世界約有4千萬人使用繁體字,而簡體字的使用者則超過13億人。我呢恰巧是那4千萬人之一,本來這也沒什麼,只要挑繁體字的書籍看或者上繁體字的網站購物即可,但某天我們全家移居北京,這可就麻煩了。

"媽,老師說妳得檢查功課。"兒子放學後對我說。

"我檢查了啊!"我答。

"很多錯字。"

"很多錯字?不可能!"

後來我才知道不是錯字，而是很多繁體字，老師看不懂（或者看懂了，依然用簡體字的標準來判斷對錯），全用紅筆圈起來。

為了不給兒子拖後腿，我不得不自學簡體字，但這不是一蹴而就的事，尤其當兒子明明寫對了，我卻讓他擦掉，重新寫上"不對"的繁體字，他的憤怒可想而知。

幾個月後，我自覺已經有了很大的進步，不禁沾沾自喜，哪知很快被打臉，起因是朋友來我家，瞄了幾眼兒子攤在桌上的作文簿，臉色明顯不對勁。

"怎麼，很多繁體字嗎？"我問。

看她點頭，我的心一沉，怎麼自學那麼久了，還是出錯？莫非自己的學習能力就是這麼差？

幾年過後，我忽然看到一則報導——有幾名臺灣大學生到大陸實習了兩年，簡體字依然寫不好。這下子我恍然大悟，原來不光是我一個人的問題，若想達到像大陸人一樣的簡體字書寫能力，長時間（可能長達數年）的練習必不可少。

如今的我，不管簡體字還是繁體字都能運用自如，所以非常清楚目前還沒有一款簡繁體互換軟件能達到百分百無誤，還得靠人工校對才行。

兩天前，我看到亞馬遜上有本大陸出版的繁體字小說正在銷售，在好奇心的驅使下，我點擊試讀，果然是簡繁體互換軟件下的成品啊！當中的"錯字"比例已經高到不可接受的程度，如果讓一個慣用繁體字的人來讀，肯定瞠目結舌，直呼："這也能出版？"

說完簡繁體互換，我來談談翻譯問題。三年前，我兒子將我的拙著《東瀛之愛》翻譯成英文，那真是一段晦暗時期，往往一個句子，甚至一個詞都要反覆斟酌，速度之慢，宛如蝸行，以致三年後我問他想不想再翻譯另外一本時，他直接拒絕，不帶一絲猶豫。

有些人可能會有"到底由本國人還是外國人來翻譯外國作品"的疑問，這個我有答案（還附帶證據），且聽我道來……

在一個偶然的情況下，我發現亞馬遜上正銷售中文版的世界名著，比較特殊的是譯者是一名洋人。基於好奇，我點擊試讀，果然是英式中文（每個字都對，但讀起來就是怪）；反觀由中國人英翻中的作品就流暢很多。

為什麼會有此現象？原因出在中國人在翻譯過程中會反芻，然後將句子以中國人能理解的方式表達。

總結的結果是如果譯者能很好地掌握兩種文字，那再合適不過，倘若做不到，最好由母語和譯本文字一致的人來翻譯,譬如英翻中,那就由熟悉英文的中國人來翻譯會好些,至少中國人讀起來不會頻頻皺眉(缺點當然也有,那就是可能無法正確表達出作者的原意)。

以上是我的個人淺見,但既然此書談的是我的泰國養老生活,此篇也應與泰國有關,這勾起了我的慾望。不瞞各位,來泰養老後,每次經過書店,我總想著如果我的書也能翻譯成泰文,並且在這裡銷售就好了,但想歸想,終究敵不過現實問題——首先,泰文是小眾語文,潛在買家少了不止一星半點;其次,找會泰文的中國人翻譯不難,但如果銷量達不到預期,翻譯費就沉重了;其三,雖然在泰國買不到泰文版,但我的中文版書籍能在曼谷的紀伊國書店下單,所以也不是一定非得有泰文版才行……

瞧!我總能找到理由寬慰自己,山不轉路轉,這也是獲得幸福的一種態度,不是嗎?

48、男執事

去過泰國的都知道，那裡的按摩店遍地開花，但身為長住居民的我卻選擇過門不入，因為自從在清邁有了不快的體驗後（按摩師邊按摩邊挖鼻屎），我寧願找按摩椅按摩，也不願再上任何一家"人工"按摩店，接受那從天而降的"加料"。

某天，我在某網站上看到中國博主發佈視頻介紹泰國的男執事按摩店，瞬間來了興趣，什麼是"男執事"？在鏡頭裡，我看到這家按摩店的地方不大，採光也不佳，予人一種家庭理髮店的感覺，還好價目表上的價格配得上這簡約的環境，譬如泰式按摩只要300泰銖/小時，最貴的精油按摩也不過400泰銖/小時。視頻至此，我還感覺不到男執事按摩與其他按摩有何不同，直到博主說他給男執事的小費是一小時1000泰銖（固定的，比按摩本身貴上兩、三倍）時，頓時茅塞頓開，莫非……

這件事讓我聯想到另外一件事，有位國內來的女士到泰國的某家按摩店按摩，結束後，她淚眼婆娑地控訴自己遭男技師猥褻，結果店主人出面緩頰，表示是按摩前沒溝通好的緣故。

在我看來，女士若接受男技師按摩（尤其是全身按摩），很可能已經默許了某類事情的發生。當然，事後那名女士也做了澄清，表示自己原先找的是女技師，經人遊說後，才接受男技師的服務，不存在主觀刻意，等於這件事最後成了羅生門。

我猜上文所提的男技師應該就是男執事的意思，"技師"很容易理解，但"執事"又是什麼？為此，我特地上網查了一下，中國對於這個詞的解釋多樣，包括所從事的工作、有職守的人、對對方的敬稱、侍從等；聖經裡也提到"執事"，指的是"教會的僕人"；而在日本，"執事"對應的英文是Butler（管家、僕人），雖然英文上的Butler不光指男的，但為了與女管家和女僕有所區別，執事在日本就只針對男的，也就是"男管家、男僕"之意。

（註：日本的男執事店乃由女僕店衍生而來，兩者都把顧客當成主人，除了陪玩、陪聊之外，還提供情緒價值，至於有沒有提供"額外"的服務，那就不能拿到枱面上說了。）

其實我還挺納悶為什麼"男技師"會被那位中國博主說成"男執事"？畢竟在泰語中並沒有"男執事"一說，所以我猜想他玩的是日式曖昧，因為相比男模、猛男或男技師，"男執事"顯得亦正亦邪，既不能果斷地說涉黃（也許人家就是正兒八經做生意的），也不能果斷地答沒涉黃，大概只有真正經歷過才能下結論吧？！

49、刺青

刺青又稱文身或紋身,是用帶墨的針刺入皮膚底層,從而在皮膚上留下圖案或文字。

我對刺青最原始的"官方"印象是岳飛背上的"精忠報國"四個大字(原來岳飛他娘是第一個留名青史的刺青師傅);在現實生活中,我也不乏見到身上刺龍刺鳳的人,按照臺灣人的說法就是黑道大哥,而按照香港人的說法大概就是古惑仔了。後來,我移民到新西蘭,那裡的毛利人(原住民)幾乎都會在身上紋上大大小小的花紋,連臉也不放過,所以我的印象又進一步惡化——除了極少數個例(譬如岳飛)外,凡刺青者不是壞,就是落後。

誰能想到隨著時間的推移,刺青漸漸被大眾所接受,甚至視為一種時尚,然而我的內心深處還是相當抵觸，因為人的偏見一旦形成，很難改變。

回到泰國，這裡的刺青店雖沒達到"俯拾皆是"的程度，但也不難找，再看路上行人（不論本國人或外國人），十之二、三有刺青，可見刺青在泰國已經相當普遍。

這一天，我出外遛狗，偶遇前面篇章裡曾提到過的"老鼠"女士。

"這是……"我指著她的左手臂，"刺青？"

"是的。"

"不是貼紙？"

"不是貼紙。"

我倒吸一口涼氣，以前沒注意她的手臂有刺青，這一來，她的"大學老師"形象頃刻間便轟然倒塌。

"疼嗎？"我問。

"剛開始還有痛感，後來就沒什麼感覺了。"

"刺多久時間？"

"最近的這個耗費了十個小時。"

我咋舌，乖乖，要我躺十個小時受罪，門兒都沒有！

"妳刺的什麼？"我佯裝感興趣地問，好掩飾內心的不以為然。

她遂將袖子捲起，好讓我看個仔細，我因此清楚地看到上臂刺的是泰國很常見的掛飾（象徵吉祥），手肘部位是朵花，前臂則是貓頭鷹，整體的顏色偏藍與粉，老實說，不難看。

"如果有一天妳不喜歡這些圖案了，該怎麼辦？"我N問。

"這就是我為什麼分三次刺青的緣故，非得等到自己很確定了才付諸行動。倘若有一天我不再喜歡這些圖案，那就用衣服遮擋住，這不是什麼大問題。"

"為什麼妳會想刺青？"

"漂亮啊！我把它視為皮膚的一部分。"

其實話到這裡就可以打住，因為根據過往的經驗，人們並不想聽忠告，但我就是忍不住"好為人師"，果然現在的年輕人都很有主見，聽完我的"老人言"，"老鼠"女士立即表示刺青並不影響她的工作，何況人生苦短，考慮太多，什麼都做不了了。

她一答完，我立即提醒自己該往"反方向"發展（沒亮點也得找出亮點來），反倒是她把我的"反方向"又給"反方向"了，主動提起她的朋友不敢在日本的某些區域露出身上的刺青，因為刺青在當地被視為某類人的標誌。

"黑道大哥。"我衝口而出。

"沒錯。"她笑了，"這就是文化差異。"

見說得差不多了，我總結："我認為妳的刺青很……"

本來想說漂亮，但聽起來很虛偽（畢竟剛剛自己並不十分贊同）；如果不說漂亮，那該說什麼？我一時搜索枯腸，正因為這幾秒鐘的蹉跎，"老鼠"女士的臉色開始由晴轉陰，眼見就要下暴雨，還好我及時找到適合的字眼，表示她的刺青很Fashion（時髦）。

這個回答把"老鼠"女士的毛給撫順了，她眉開眼笑地與我道別，我也大鬆一口氣，慶幸自己的腦子沒在關鍵時刻卡殼，否則瞬間就能樹立一個敵人，對於"在泰朋友"已經很稀缺的我來說，這可不是好事啊！

50、讚美的力量

我住的大樓裡有一位姑娘，依據她曾和俄羅斯人打過交道的情況看，我猜她如果不是俄羅斯人，便是俄羅斯周邊國家的人，好比格魯吉亞、阿塞拜疆、哈薩克斯坦等（這有點兒像蘇州與上海挨得近，雖然兩地方言不盡相同，但彼此也能溝通一樣）。然而問題來了，在我的印象中，俄羅斯及其周邊國家的人大多是一頭金髮或棕髮，可是這位姑娘的頭髮卻像墨汁一樣黑，在排除染髮的可能性後，我猜她的血液裡多多少少有亞洲人的影子。

話說自從與這位黑髮姑娘打過照面，我就從未見她笑過，加上不施胭脂和一身的肥肉，很容易讓人過目即忘，然而依據我的判斷，這應該是一顆蒙塵的珍珠無誤，因為她的五官細緻且皮膚光滑,如果瘦下來,再化點兒妝,我相信任何男人都會為她瘋狂。

這一天,電梯門一打開,我便看到裡面站著一位盛裝打扮的女人。

"Hi." 我打了聲招呼,同時進到電梯裡。

"Hi." 她回覆。

聽她開口說話,我才憶起此人正是那位黑髮姑娘。

"有派對嗎?"我問。

"是的,我要去參加朋友的生日聚會。"

"很好。"

一答完,我轉身面向電梯門,不一會兒,我又忍不住回過頭去,讚美她今晚很漂亮。

"謝謝!"她邊答邊笑得花枝亂顫。

"我是認真的,妳真的好美。"

我的讚美完全沒有刻意討好之意,她是真的美,有點兒海倫娜•伯翰•卡特(英國女演員)的影子,只不過是大號版的。

等我步出電梯,再丟完垃圾回到大樓前面的廣場,赫然發現黑髮姑娘正和一群同樣穿著華麗的朋友談笑風生,看樣子她們正在等網約車。

老實說，我有被驚豔到，今晚之前的黑髮姑娘還像一潭死水，如今整個人活了過來，而且像打了雞血似地無比亢奮（不謙虛地說，這雞血八成是我打的）。

那日之後，神奇的事情發生了，黑髮姑娘不再素顏，每次見到都頂著個大濃妝（大熱天的，這挺遭罪）。雖然看著有些怪異，但相比從前，那要精神很多。

我怎麼也沒想到自己偶然說出的話具有那麼大的魔力，能讓黑髮姑娘像變了個人似的。不諱言地說，經此事後，我更樂意誇獎別人，這不是虛偽的表現（找對方的亮點說，所以談不上假意），而是傳遞正能量。那些得到正能量的人，往往又會把正能量再傳遞下去，幾番兜轉後，這世界不就和諧了？

聽著很像蝴蝶效應是不？如果一隻南美洲熱帶雨林中的蝴蝶偶爾搧動幾下翅膀，就可以在兩週之後引起美國德克薩斯州的一場龍捲風，那麼一句讚美話的威力恐怕要高於前者，因為被讚美者很可能在極短的時間內"多向"傳播正能量，等於呈幾何級數增長，這效應可不是一場龍捲風能比擬，而是世紀大洪水。

寫至此，我忽然發現不止自己改變了黑髮姑娘，黑髮姑娘也改變了我。啊！這世界就是這麼神奇，不服都不行。

後記

我的泰國養老生活還在繼續，後面的故事將寫在《我的泰國養老生活2》中，感興趣的讀者們請繼續關注。

作者介紹

在異國的背景下加入纏綿悱惻的愛情故事是B杜小說的一大特點，她的文筆清新、筆觸詼諧、畫面感很強，讀完小說有種看完一部愛情偶像劇的感覺，特別適合懷春少女及對愛情有憧憬的女性閱讀。

另外，B杜還創作了散文、嚴肅小說、系列小說等，歡迎關注。

ALSO BY B杜

我的泰国养老生活 1（简体字版）

My Retirement Life in Thailand 1 (in simplified Chinese characters)

***

《法蘭西情人》 Love in France

《東瀛之愛》 Love in Japan

《新西蘭之戀》 Love in New Zealand

《英倫玫瑰》 Love in England

《愛在暹羅》 Love in Thailand

《情定布拉格》 Love in Prague

《獅城情緣》Love in Singapore

《愛上比佛利》Love in Beverly Hills

《夢回楓葉國》Love in Canada

《早安，歐巴》Love in Korea

《我在蘇黎世等風也等你》Love in Switzerland

《迪拜公主的祕密情人》Love in Dubai

《馬力歷險記1之地球軸心》The Adventure of Ma Li (1): The Time Axis

《馬力歷險記2之黃金國》The Adventure of Ma Li (2): Eldorado

《馬力歷險記3之可可島寶藏》The Adventure of Ma Li (3): The Treasure of Cocos Island

《B杜極短篇故事集 (1～100)》A Word to the Wise (Tales 1～100)

《B杜極短篇故事集 (101～200)》A Word to the Wise (Tales 101～200)

《B杜極短篇故事集 (201～300)》A Word to the Wise (Tales 201～300)

《B杜極短篇故事集 (301～400)》A Word to the Wise (Tales 301～400)

《B杜極短篇故事集 (401～500)》A Word to the Wise (Tales 401～500)

《B杜極短篇故事集 (501～600)》A Word to the Wise (Tales 501～600)

《B杜極短篇故事集 (601～700)》A Word to the Wise (Tales 601～700)

《巫覡咖啡館之梧桐路篇》

The Witch & Warlock Café on Wutong Road

《巫覡茶館之浣紗路篇》

The Witch & Warlock Teahouse on Huansha Road

《鴻溝》A World Apart

《潔西卡》Jessica

出版社介紹

如意出版社（Luyi Publishing）在英國註冊，致力於將優秀作品介紹給全球讀者，聯繫方式如下：

郵箱1：Luyipublishing@163.com

郵箱2：Luyipublishing@gmail.com

www.ingramcontent.com/pod-product-compliance
Lightning Source LLC
Chambersburg PA
CBHW030052100526
44591CB00008B/114